墨香财经学术文库

"十二五"辽宁省重点图书出版规划项目

U0674531

Investment Rate Fluctuations in China

Through the Lens of Economic Growth and Business Cycle Theories

中国投资率波动研究

基于经济增长、经济周期的视角

李东阳 齐鹰飞 周学仁 蔡甜甜 ◎ 著

东北财经大学出版社
Dongbei University of Finance & Economics Press

大连

ⓒ 李东阳等　2013

图书在版编目（CIP）数据

中国投资率波动研究：基于经济增长、经济周期的视角／李东阳等著．—大连：
东北财经大学出版社，2013.12
（墨香财经学术文库）
ISBN 978-7-5654-1398-8

Ⅰ. 中… Ⅱ. 李… Ⅲ. 投资率—经济波动—研究—中国　Ⅳ. F832.48

中国版本图书馆 CIP 数据核字（2013）第 299039 号

东北财经大学出版社出版发行

大连市黑石礁尖山街 217 号　邮政编码　116025
教学支持：（0411）84710309
营 销 部：（0411）84710711
总 编 室：（0411）84710523
网　　址：http：//www.dufep.cn
读者信箱：dufep @ dufe.edu.cn
大连图腾彩色印刷有限公司印刷

幅面尺寸：170mm×240mm　字数：143 千字　印张：10　插页：1
2013 年 12 月第 1 版　2013 年 12 月第 1 次印刷
责任编辑：孙晓梅　张晓鹏　田玉海　　　　　责任校对：毛　杰　刘咏宁
　　　　　郭海雷　吴　焕
封面设计：冀贵收　　　　　　　　　　　　　版式设计：钟福建
定价：30.00 元

前　言

　　21 世纪以来，随着国内经济体制改革和全球经济一体化的不断深化，中国经济运行的市场化和国际化特征进一步强化。在新的发展环境下，准确监测和预测经济运行、防止出现大的起伏波动是中国政府宏观调控的一项艰巨任务，也对国内的相关研究工作提出了新的挑战，特别是 2008 年由美国次贷危机引发的全球金融危机对各国实体经济的严重影响，使政府部门和经济学界再次认识到改进和完善经济监测预警系统的重要性和紧迫性。在投资领域，中国政府宏观调控政策一直面临"两难"选择：一方面，需要通过扩大投资规模来促进经济增长和创造就业机会；另一方面，投资规模持续过大所带来的负面影响越来越严重，如部分行业产能过剩加剧了内需不足和出口压力、为维持高投资率所需的宽松货币政策加剧了资产价格泡沫和通货膨胀压力、政府和国企主导的大规模投资加剧了地方债务风险和金融系统风险。可见，对中国投资领域相关问题进行深入系统的研究、科学确定投资率及其合理区间，已显得极为迫切。

　　本人有幸参与了高铁梅教授主持的 2010 年度国家社会科学基金重大项目"'十二五'时期宏观经济运行动态监测分析研究"（项目批准号：10zd&010）。承蒙高铁梅教授抬爱，邀我担任该项目子课题"'十二五'时期投资规模局限与结构调整动态监测分析"的负责人,其他三位作者均为子课题组的主要成员,本书即该项目子课题的主要阶段性成果。在研究过程中,中国经济也在发生着深刻的变化。进入"十二五"时期,宏观调控政策的主基调由"保增长"转向"稳增长、调结构",经济增长速度也由9%以上的高速过渡到7%~8%的中高速。2012年,中共十八大进一步明确了"以科学发展为主题,以加快转变经济发展方式为主线"的经济体制改革战略。2013年,十八届三中全会提出"要紧紧围绕使市场在资源配置中起决定性作用深化经济体制改革"。随着中国全面深化改革的推进,中国投资率受宏观政策调控的影响程度将逐渐减弱,受市场机制调节的影响程度将逐渐增强,投资率终将由目前超高的水平回归到合理和适度的区间。基于此判断,本书对项目计划研究的内容进行了适当调整,增强了对中国投资率的相关理论分析和实证分析,而不仅限于投资率的监测与预测分析,这将使本书的研究内容更适合中国当前及今后的经济形势,并为政府部门和经济学界把握中国投资率的未来趋势提供有益的借鉴和参考。因此,本书基于经济增长和经济周期的视角,在回顾分析中国投资率演变历程的基础上,对中国投资率的决定因素、合理区间、宏观经济政策影响,以及投资波动与经济周期波动的关系进行了研究,最后提出了调控中国投资率的宏观经济政策建议。

本书的分工如下:李东阳教授制定了总体研究框架,撰写了第1章和第4章,并对全书进行了总纂;齐鹰飞教授撰写了第2章、第5章第一节和第6章,并对全书的数理模型和计量方法进行了系统设计;周学仁副研究员撰写了第3章和第5章第二节,并对研究工作的推进和本书的撰写进行了组织与协调;博士研究生蔡甜甜撰写了第7章,参与撰写了第4章和第5章第二节,并具体执行了多数实证检验所需的计量软件与统计软件的操作过程。另外,鲍洋助理研究员,硕士研究生王轶、郭龙、孙慧霞、赵旭霞、苏文龙、李艳参与了本书的部分内容撰写、文献与数据的收集整理、相关的实证分析与统计分析等。所有作者和参与人员为顺利完成本书的撰写均付出了大量的汗水和智慧,在此向各位的辛苦付出与努力表示深深的谢意。

最后，向为本书研究和撰写过程提供资助与指导的高铁梅教授，为本书出版提供支持与帮助的田世忠社长、高鹏主任表示衷心的感谢。本书难免有错漏之处，我们真诚欢迎学界同仁和广大读者给予批评指正，提供宝贵建议。

李东阳

2013 年 11 月于大连

目 录

第 1 章　绪论

1.1　研究背景

1.1.1　世界经济正处于危机后调整期

（1）国际金融危机后发达国家呼唤制造业回归

20 世纪末期和 21 世纪初期，随着国际分工的发展和发达国家劳动力成本的上升，发达国家进入了"去工业化"阶段，把大量的劳动密集型制造业转移到发展中国家。实体制造业的转移使得西方国家的虚拟经济过度膨胀。2008 年，美国爆发了金融危机并迅速波及全球，2012 年欧洲爆发了欧债危机。为了应对危机、提高就业率，西方发达国家提出了"再工业化"的战略。

奥巴马政府在 2009 年提出了"出口倍增计划"。这个计划的目的是发展制造业，促进就业和重振实体经济。为此，美国政府出台了一系列促进新型高科技产业和劳动密集型制造业回流的优惠政策。大型跨国企业减少了在发展中国家的投资，不仅资本和技术密集型跨国企业回流，一般的劳动密集型产业也开始出现转移现象。如 2012 年 7 月阿迪达斯关闭了在中国的最后一个工厂。① 欧盟力图通过发展以"绿色经济"和"环保型经济"为主的新型技术产业来促进经济复苏。2009 年 4 月，欧盟制定了一项中期规划，将在 2009—2013 年投资 1 050 亿欧元打造具有全球竞争力的"绿色产业"。日本注重继续加强节能和新能源等新兴产业的发展，2009 年 3 月，日本政府出台了一项为期 3 年的信息技术产业发展计划。②

发达国家对制造业回归的呼唤和对新兴产业发展的支持会使一些跨国公司的投资回流，同时本可能投资于国外的资金也会倾向于投资本国支持的产业。在这种趋势下，发达国家对发展中国家投资的规模可能会有所下降，也会在一定程度上影响中国引进外商直接投资的增长趋势。

（2）贸易保护主义和投资保护主义有所抬头

2008 年，美国次贷危机引发全球金融危机，发达经济体受到了严重冲击。为降低本国失业率、改善国际收支状况，发达国家推出了一系列贸易保护措施，技术壁垒、绿色壁垒、知识产权保护等贸易壁垒层出不穷，反倾销、反补贴、保障措施等传统贸易保护手段仍被频繁使用。据商务部统计，至 2013 年，中国已经连续 17 年成为全球遭受反倾销调查最多的国家，连续 7 年成为全球遭受反补贴调查最多的国家。

一些发达国家也出现了主要针对发展中国家尤其是新兴市场国家的投资保护主义倾向，限制其对本国基础设施、能源、金融、高新技术等领域的投资。例如，2011 年，英国拒绝了华为在英国的投资；2012 年，美国不断以国家安全为理由，对中国的华为、中兴两个电信企业进行审查，并多次否决它们的并购项目。

随着发达经济体贸易保护主义和投资保护主义的抬头，其对外资项目的要求和审核也日趋严格，中国对外投资的难度加大。国际安全环境复杂，对外投资合作的境外安全风险加剧，使得中国企业的对外贸易和对外直接投资受到一定程度的阻碍。

---

① 孟祺. 美国再工业化的政策措施及对中国的启示 [J]. 经济体制改革，2012（6）：160-164.
② 宋宗宏. 发达国家推进战略性新兴产业发展的启示 [J]. 产业经济，2011（2）：31-36.

（3）全球债务风险加剧

2009 年以来，欧洲部分国家相继爆发了主权债务危机。欧债危机主要是因为本国政府的债务负担超过了自身的承受能力而引起的违约风险。它是美国次贷危机的延续和深化。早在 2008 年北欧的冰岛主权债务问题就浮出水面，但因救助及时，并未造成较大的全球金融动荡。2009 年 12 月，希腊主权债务危机凸显，2010 年 3 月蔓延到葡萄牙、意大利、爱尔兰、西班牙等国，并有波及整个欧洲的趋势，美国的三大评级机构连连下调债务国的信用评级，投资者对欧元经济区前景悲观。

金融危机后，美国国债持续突破债务上限。2013 年，尽管美国政府最后达成了解决"财政悬崖"的妥协议案，但"财政悬崖"在未来的一段时间仍是不确定因素，随时都有可能复发。美国的第三轮量化宽松（QE3）货币政策迟早要退出。一旦 QE3 退出，美国的经济乃至全球经济将不可避免地面临紧缩风险。

在欧元区深陷债务泥淖、美国面临"财政悬崖"的时候，日本政府的债务困局也引起了人们的关注。2012 年 9 月日本中央银行公布的数据显示，日本国债余额已经超过了 GDP 的 200%，这个比例已经高于身处债务危机的欧洲国家。日本首相安倍上台后，依靠日元贬值和宽松财政政策刺激了经济的短期增长，但无法解决日本经济社会面临的根本性问题，长期看会加剧日本债务负担。国际货币基金组织甚至预测，到 2015 年，日本债务累计额将相当于 CDP 的 2.5 倍。虽然持有日本国债的多是本国的金融机构，不会担心被国外投资者抛弃，但巨大的偿债压力始终是日本经济发展的沉重负担。

就中国而言，地方债的状况也不容乐观。2008 年金融危机后，中国出台了 4 万亿元的经济刺激计划，各地政府也通过发展基础设施建设项目刺激当地经济，发行地方债成了一个重要的融资方式。审计署 2013 年 6 月公布的《36 个地方政府本级政府性债务审计结果》显示，36 个地方政府本级政府性债务余额比 2010 年增长 12.94%。借此，国外评级机构认为，中国地方债规模应在 13 万亿元左右。地方债务负担重，偿债压力大，债务风险加剧，使得中国依靠地方政府强推投资的发展方式已经难以为继。

1.1.2 中国高投资率难以为继

（1）高投资率会导致经济结构失衡

在30多年的改革开放历程中，中国依靠粗放式的经济发展方式和大规模的投资来带动经济增长，虽然取得了不错的发展成绩，但也导致了经济结构失衡。近几年，中国的宏观调控政策难以充分发挥效应，在一定程度上反映出投资过度已经导致经济结构性失衡极为严重。

从投资、消费、净出口构成的"三驾马车"来看，净出口对GDP的贡献占比较小，在GDP一定的情况下，投资与消费是此消彼长的关系。用于投资的部分多了，用于消费的部分就少了。长期来看，投资与消费应当保持一个恰当的比例关系，任何一方持续偏高或偏低都不利于经济的健康发展。近年来，中国的投资率持续高位运行，2003年以后，中国资本形成率一直在40%以上，2009年之后更是达到了48%以上。相比之下，消费率却在呈下降趋势，1978年中国消费率为62.1%，20世纪80年代基本上都在60%以上，但90年代后逐年下降，2012年中国消费率已经降至49.5%。投资率持续增高与消费率持续下降的后果是，高投资率导致的高产出缺乏消费的支持，产能过剩，投资与消费的比例严重失衡引起经济结构失衡，最终影响经济发展的可持续性。

（2）高投资率造成投资效率低下和产能过剩

依靠高投资率驱动经济的发展模式面临着边际产出效率递减和边际投入成本上升的问题，即过高的投资率必然会导致投资效率降低和资本利用率不足。国际货币基金组织2012年发布的四号文件显示，中国的平均资本利用率从2007年底的80%下降到了2011年的60%，意味着经济运行效率降低。长期以来，由于一些政策性原因，中国在传统行业投资偏多，新兴产业、教育、医疗等行业的投资偏少，造成部分行业供给大于需求，产能过剩，部分行业需求旺盛，产品价格上升。投资结构的不合理使得回报率低下，企业家只能通过更多资金的注入以期望获得资金周转，但这却会引起新一轮投资率的上涨，进入恶性循环。

近年来，高投资率的负效应日渐凸显，产能过剩问题已经成为中国经济发展的一大阻碍。国有工业部门尤其是国有制造业部门的高投资率，在推动中国工业化进程的同时，自身也遭受了沉重的打击。工信部 2013 年披露的数据显示，2012 年年底，钢铁、电解铝、水泥、平板玻璃、船舶行业产能利用率分别仅为 72%、71.9%、73.7%、73.1% 和 75%，明显低于国际通常水平。同时，上述行业还有大量的在建、拟建项目，产能过剩矛盾呈日益加剧之势。产能过剩也导致这些行业面临亏损，效益下滑。2012 年，钢铁、电解铝、水泥、平板玻璃行业企业亏损面分别为 28.2%、34.9%、27.8%、35.7%；主营业务收入利润率分别为 1.04%、-0.29%、6.63%、0.14%，同比分别降低 1.37、3.64、4.68、3.82 个百分点。

经济增长模式的低效率是造成当前中国制造业产能过剩的主要原因。在钢铁领域，由于国内冶炼技术和设备等方面的限制，新增的投资实际上集中在中低端领域，使得市场中资源分布不均，低端同质品的供需矛盾尖锐，而高端产品却缺乏足够的规模从而失去市场话语权。即便在光伏产业这样的新兴行业，由于国家政策的扶持，中国 31 个省、市、自治区几乎都将其列为优先发展产业。这种一哄而上式的大规模投资，不可避免地使光伏产业产生了较为严重的产能过剩。虽然中国对光伏产业实施了产能削减措施，但截至 2013 年上半年，光伏产业的产能过剩状况仍非常严峻。产能过剩必然导致内需不足，大量的光伏产品需要通过出口来消化。但出口量过大，产品价格低，又使光伏产业出口频频遭受进口国的反倾销调查。

（3）高投资率造成环境污染和资源过度消耗，不利于经济可持续发展

中国虽地大物博，但人口众多，对经济发展具有重要意义的战略资源的人均拥有量远低于世界平均水平。近年来，随着工业化的深化，资源供给压力逐渐凸显，持续的高投资率所带来的低水平重复建设加剧了资源的过度消耗和浪费，资源供给不足的矛盾日益尖锐。

中国的耕地面积本身不足，近年来投资的高速增长以及房地产业快速发展导致建设用地面积陡然上升，地方政府过度追求 GDP 增长以及城镇化的加速，耕地面积越来越少，紧逼 18 亿亩耕地面积红线。能源供应的形势也十分严峻，随着固定资产投资（特别是钢铁、铝、水泥

等高能耗行业）的过快增长，中国能源消费增长率大幅上升。据国家统计局数据显示，2001—2006 年间中国年均能源消费增长率达到10.06%，2007 年以后虽然有所下降，但消耗量仍然持续上涨；2009—2011年中国能源消费总量从30.66 亿吨标煤增长到34.8 亿吨标煤，年均增长2.1 亿吨标煤，2012 年达到了36.2 亿吨标煤，离2015 年的"限值"40 亿吨标煤，仅有3.8 亿吨空间。

粗放型经济增长下高投资率带来的高消耗同时会加剧环境污染。近年来，中国大气污染严重，中东部地区不断出现雾霾天气，给工业生产、交通运输和居民健康带来了较大的影响。此外，饮水安全和土壤污染等问题也集中暴露。长期以来，在高投资率支持下的快速工业化、城镇化进程中，高能耗、高排放、重污染、产能过剩、产业结构布局不合理及以煤为主的能源结构的持续强化，再加上环境保护监督执法不力，足以让诸多环境污染问题集中爆发。因此，30 多年不惜以严重破坏环境为代价的经济发展方式亟待转型。

（4）高投资率使地方债风险加剧

1994 年分税制改革以来，地方政府的财权比例缩小，事权比例扩大；2002 年以来，地方政府承担大约70% 的事权，却只有45% 的财权，财权与事权的严重不匹配造成地方财政投资只能依靠举债融资。[①] 地方政府主要以所拥有的土地作为担保进行融资，通过城市建设投资公司等发行地方债券，将募集得到的资金用来支付征地补偿，然后通过土地出让金或建成基础设施后征收的税收来还债。

改革开放以来，随着中国工业化、城镇化进程加快，地方建设投资需求快速增长。为刺激经济快速增长，提高政绩，地方政府利用政府信用不断举债，扩大投资规模，以期获得更多的财政收入和更高的 GDP增长率。持续较高的投资率使得地方财政赤字不断扩大，地方债连年增长。2008 年金融危机后，中央出台了 4 万亿元经济刺激计划，地方政府随之纷纷推出了地下轨道交通系统、城市轻轨、高速公路等大型基础设施建设项目，融资平台成为地方政府为建设这些项目筹集资金的重要

---

① 沈洪溥. 我国地方债发展现状及其分析 [J]. 金融博览，2013（6）：9-10.

渠道。2009 年初，央行与银监会联合发文，提出支持有条件的地方组建投资融资平台，发行企业债、中期票据等融资工具，拓宽中央政府投资项目的配套资金融资渠道。一时间，地方融资平台的数量和融资规模飞速发展，金融机构对地方政府融资能力的审查也偏松，加剧了地方债务飞速增长。据国家审计署的报告，截至 2012 年年末，中央和地方的债务总额为 15 万亿 ~18 万亿元，约占 GDP 的 29% ~35%。

多年来居高不下的投资率导致地方政府的债务越来越重，在还债压力增大的同时又面临经济下行风险，未建设完的项目或者在计划内的项目依然需要资金注入，迫使政府必须继续发债，并期待项目完工后获得财政收入以还债，而这又必将引起新一轮的投资热潮。因此，依靠高投资率发展经济，虽然短时期内会提高经济发展水平，但也会使地方债务如滚雪球般越滚越大，加剧地方政府的债务风险。

1.1.3 中国经济降速与打造经济升级版

李克强总理上任之后，对中国经济总体的发展模式进行了一系列调整。同时，在多重因素的约束下，今后一段时期，中国经济的增长速度可能会降至 7.5% 左右的水平。在这种降速发展的进程中，中国经济将着力进行结构调整，并打造中国经济的升级版。因此，在经济发展战略上，将主要侧重于以下几个方面：

（1）保持经济稳定增长，不搞短期刺激

为应对国际金融危机，促进经济平稳较快发展，中国政府从 2008 年年末开始实施了一系列经济刺激政策。在政府主导的基础设施投资和大量信贷支持下，中国率先走出危机阴霾，经济迅速复苏，但随之带来的通货膨胀、产能过剩、投资效率低下等一系列问题也危及中国经济发展的可持续性。从 2012 年开始，中国经济下行趋势明显，2012 年四个季度的 GDP 增长率分别为 8.1%、7.6%、7.4%、7.9%，全年 GDP 平均增长率约为 7.8%，是 1999 年以来的增速最低值；2013 年第一季度 GDP 增速为 7.7%，第二季度为 7.5%，第三季度为 7.8%。与前些年 9% ~10% 的经济增速相比，中国已经进入到了 7% ~8% 的经济降速发展期。

在降速发展阶段，中国经济转型升级刻不容缓。一方面不能过分追求 GDP 增长率，另一方面也不能忽视就业与通货膨胀的威胁，要保证中国经济在合理区间内实现稳定增长。稳定增长是调整产业结构的前提，没有稳定增长，调结构就没有基础和条件。李克强总理认为，经济应该在平稳的合理区间内运行，这个区间的下限是稳增长、保就业，上限是防范通货膨胀。2013 年中央经济工作会议确定的全年经济工作的主要任务为 GDP 增长率不低于 7.5%，CPI 不高于 3.5%。

随着经济发展方式和要素结构的转变，原有的土地红利、人口红利等优势开始减弱，依靠要素驱动和投资驱动的发展模式已经难以为继。金融危机以来中国先升后降的 GDP 增长率已经验证了靠短期投资刺激经济仅仅是给疲软的经济打了一针兴奋剂，并不能从根本上解决中国经济面临的根本性问题。因此，今后一段时期，在不突破经济合理调控区间的前提下，中国经济的主要任务是转变增长方式，促进改革，利用"改革红利"来促进其新一轮的稳定发展。

（2）调整经济结构，加速产业升级

中华人民共和国成立 60 多年来特别是改革开放 30 多年来，中国经济发展取得了辉煌的成就，经济结构得到了不断的调整和优化，但其不合理的矛盾依然存在，突出表现在需求结构失衡、城乡和区域结构失衡、要素利用效率低下、环境污染严重等方面。

从需求结构看，内需与外需、投资与消费不够协调，主要表现为对外需依赖大，内部需求没有得到充分释放，同时投资率偏高、消费率偏低。从城乡和区域结构看，城镇化发展滞后、中西部地区发展落后、城乡和区域的生活条件和基本公共服务差距较大。从要素投入结构看，资源消耗过大，环境压力加大，资源和环境的约束日益突出。从产业结构看，三次产业发展不平衡，农业基础薄弱、工业大而不强、服务业发展滞后，部分行业产能过剩。①

要调整经济结构，加速产业升级，首先要优化投资结构，调整投资的方向、方式和机制。2013 年 7 月 30 日，中共中央政治局会议分析了

---

① 李克强. 关于调整经济结构促进持续发展的几个问题 [J]. 求是，2010 (11)：3-15.

当前的经济形势，再次提出要加快推进产业结构调整，推动创新产业转型升级，积极培育和发展战略性新兴产业，加快信息产业发展，大力发展节能环保和新能源产业，推动新兴服务业和生活性服务业发展，国家从战略上为投资方向做了部署；从投资方式的转变看，鼓励和引导民间资本进入基础设施领域。早在2010年5月31日，国务院发布了《关于鼓励和引导民间投资健康发展的若干意见》，共计36条，划定了基础产业、基础设施、金融保险、文教卫生和公共服务等五大民资准入领域。此后，各省市相继出台了实施细则，引导民间资本进入各个行业，盘活民间资本。李克强总理认为，增加投资重在加强薄弱环节的建设，把资金投在一些薄弱的基础设施方面不会造成重复投资，不会形成过剩产能，而且有利于调整结构。城市的基础设施特别是节能环保设施的建设，包括地下管网、污水处理、垃圾焚烧等，是可以引入民间资本的。鼓励民间资本进入基础设施建设领域，一方面可以拓展民间资本的发展空间，另一方面也能缓解政府所承担的社会责任的压力。因此，从今后一段时期来看，中国经济市场化改革趋势会加快，政府投资与民间投资的界限逐渐弱化，由政府主导的投资机制会逐渐向市场主导的投资机制转变。

（3）促进改革创新，理顺要素配置方式

新一届政府施政以来，将"改革"列为政府工作的重点，在行政管理、财税、金融等领域推出了一系列改革措施，而这些改革的根本出发点，就是要理顺要素的配置方式，强化市场配置各种要素的作用，减少不必要的行政干预。

2013年全国两会期间，中央政府明确提出，在本届政府任期内国务院部门实施的行政审批事项要减少1/3以上。会后，以"简政放权"为切入点的新一轮行政体制改革措施逐步推出。4月24日，国务院第一批取消和下放了71项行政审批事项；5月6日，再次取消和下放61项行政审批事项；6月19日，第三批取消和下放32项行政审批事项；7月22日，继续取消和下放了50项行政审批事项。这些取消和下放的项目涉及石油天然气、民用机场、轨道交通、移动通讯、矿产资源开发等一系列原来受管制或垄断的投资领域，还涉及国家卫生计生委、新闻出版广电总局、食品药品监管总局等 7 个国务院组成部门，这些领域进入门槛的降低，为民间资本进入重大工程项目甚至传统垄断产业打开了大门，有利于激发民间资本的投资热情和活力。

财政金融行业的改革也在有条不紊地展开。从 2012 年 1 月 1 日开始实行营业税改征增值税试点，并且已经取得了一定成效。截止到 2013 年 7 月，中国 12 个省市超过 100 万户企业被纳入"营改增"试点，为纳税人直接减税超过 400 亿元。自 8 月 1 日起，"营改增"试点再度扩容，交通运输业和部分现代服务业的试点范围由 12 个省市扩至全国范围。在金融领域，金融支持经济结构调整和转型升级的政策也迈出了重要的一步。2013 年 6 月，在国务院提出的"用好增量，盘活存量"的指导方针下，央行首先放开了贷款利率管制，利率市场化已经势在必行。

坚持改革就是创新，不仅是技术创新，更重要的是制度创新。2013 年 9 月 9 日，李克强总理在英国《金融时报》发表的署名文章《中国将给世界传递持续发展的讯息》中再次强调，中国已经不可能沿袭高消耗、高投入的老旧模式，而是必须统筹"稳增长、调结构、促改革"。改革是经济发展的持久动力，中国政府将继续简政放权、推进结构改革、发展混合所有制经济；继续推行行政管理、财税、金融、价格等改革。

（4）推进新型城镇化，以人为核心

中国共产党十八大报告提出，中国要"坚持走中国特色新型工业化、信息化、城镇化、农业现代化"道路，而新型城镇化成为这"新四化"中提及最多的词汇。

从 1978 年到 2011 年，中国城镇人口从 1.72 亿人增加到 6.9 亿人，城镇化率从 17.92% 提升到 51.27%。表面上看中国城镇化建设已经达到世界平均水平，但背后潜藏着诸多矛盾：农民土地权利弱化，地方政府过度依赖土地出让收入及与土地相关的融资，耕地流失严重，土地利用效率不高；按城镇常住人口统计的城镇化率使得农民工被城镇化，不能代表真实的城镇化水平；一些城市以加速城镇化进程为借口大搞扩城、造城运动。平推式的城镇化建设忽视了农民的利益，导致了城乡差距、区域差距进一步拉大。

2012 年 12 月 16 日，中央经济工作会议指出，城镇化是中国现代化建设的历史任务，也是扩大内需的最大潜力所在，要积极引导城镇化健康发展。新型城镇化强调以人为核心，实现从农业到非农业、从农村到城镇、从农民到市民的转换，让老百姓成为最大的受益者。李克强总理指出，"城镇化是最大的内需潜力"。要把城镇化作为稳增长、调结构、促改革的重要抓手，发挥其促进投资和消费增长的重要作用。户籍改革、土地流转改革、财政体制改革、基本公共服务体系改革，应作为新型城镇化的重要内容。2013 年 6 月 26 日，《国务院关于城镇化建设工作情况的报告》明确提出了户籍制度改革方向：全面放开小城镇和小城市落户限制，有序放开中等城市落户限制，逐步放宽大城市落户条件，合理设定特大城市落户条件，逐步把符合条件的农业转移人口转为城镇居民。"土地流转"是新一轮农村土地改革的主题，要逐步实现土地配置市场化、农村土地资本化、优化农村资源配置和产业结构。重庆的地票交易、成都的土地流转、广东佛山的股权分红、天津宅基地换房等地方土地改革经验都为全国的土地改革提供了借鉴。此外，财权与事权不匹配的财政体制，使得地方财政在公共服务供给上出现了困难，已不符合新型城镇化建设的要求，财政体制和基本公共服务体系改革也是新型城镇化的重要内容。

新型城镇化的核心在于不以牺牲农业和粮食、生态及环境为代价，着眼于农民，涵盖农村，实现城乡基础设施一体化和公共服务均等化，促进经济社会和谐发展。新型城镇化的发展对扩大内需、调整中国投资与消费的结构有促进作用。大力发展服务业、支撑城镇化建设过程中所带来的需求增长对优化投资结构和提升投资效率有重要作用。

综观国际和国内经济环境，中国经济面临的一系列问题都与过去长期依赖的投资模式息息相关。为了实现经济快速增长和促进就业，我们不断追加投资；为了应对国际金融危机和避免经济下滑，我们大力刺激投资。但是，经济增长并不是经济发展的唯一目标，熨平经济波动也不是经济政策的唯一使命。经济结构失衡、环境恶化、资源枯竭、产能过剩、投资效率低下、债务风险加剧等一系列问题说明，中国经济已不能再承受高速增长之痛。中国正处于转变经济发展方式的关键阶段，因此，有必要从增长与波动的双重视角围绕中国投资问题展开深入的研究。

1.2 研究意义

1.2.1 理论意义

本书在研究过程中，力求在理论框架、模型设计和逻辑推理等方面，做出具有实质性的创新，进而为投资理论、经济增长理论和经济周期波动理论的发展做出有益的探索。本书研究的理论意义主要体现在以下几点：

（1）有助于丰富发展中国家投资理论的研究内涵

本书以最具代表性的发展中国家——中国为研究对象，系统梳理了中国投资率的演变历程，并与主要发达国家和新兴市场国家（巴西、俄罗斯、印度和南非）进行了国际比较。在此基础上，实证检验了中国投资率的决定因素、投资率的合理范围，从而有助于丰富发展中国家投资理论的研究内涵。

（2）有助于丰富投资波动与经济波动之间关系的研究

本书的研究肯定了固定资产投资波动对产出长期趋势增长具有"减损效应"，揭示了固定资产投资波动对产出周期性成分具有"波动溢出效应"。两种效应的叠加意味着投资波动给经济福利带来了巨大损失，这为从政策层面降低固定资产投资波动的负面影响提供了有益启示。

（3）有助于为其他学者的研究提供参考

本书的研究过程中，借鉴了其他学者的有关研究，同时，本书的研究框架、数理推导和计量模型、研究方法和基本观点，也将成为其他学者研究相关问题的有益参考，进而有助于推动投资率、投资波动与经济周期波动等问题的研究不断深入。

1.2.2 实践意义

本书研究的实践意义主要体现在：本书研究所形成的关于中国投资率合理范围、投资率决定因素、投资波动与经济周期波动关系的观点，关于中国投资率的宏观经济政策影响的论证，以及有效调整投资率的相关政策建议，均可为中国政府调控投资规模、制定汇率政策、财政政策和货币政策提供有益的决策参考。

1.3 研究方法

本书的研究立足于已有文献的梳理和统计数据的采集，除广泛阅读中外文献资料外，还充分利用网络资源和电子图书馆提供的信息。在分析论述中，本书以方法的运用与问题的研究相适应为原则，主要采用了以下几种研究方法：

（1）规范研究与实证研究相结合的研究方法

本书认为，中国的高投资率难以为继，且投资过度已造成经济的结构性失衡，适当向下调整投资率具有必要性和紧迫性。在此研究框架下，运用大量实证研究方法，对理论假设进行验证，回答了中国投资率的决定因素、合理投资率范围和投资波动与经济周期波动关系等问题。这种通过理论假设明确研究基础和方向，通过严谨求证对假设进行检验的方法，体现了实证方法的研究思路。

（2）理论分析与政策分析相结合的研究方法

本书根据中国投资率、增量资本产出比率与经济增长目标的关系，计算出中国投资率的合理空间，研究结论佐证了中国投资率已经过高这一观点。在此基础上，本书运用科学的宏观经济模型，对中国投资率的宏观经济政策影响和投资率的宏观经济政策模拟分析进行了实证检验，并从货币政策、财政政策和汇率政策方面，对如何适当降低投资率提出了有针对性的政策建议。

（3）比较分析的研究方法

在分析中国投资率的演变历程和特征时，本书不仅分阶段比较了中国投资率的演变历程，还结合不同国家的经济发展背景，将中国与主要发达国家、主要新兴市场国家进行了比较分析。通过多维视角的比较，深度剖析了中国投资率演变规律及与其他国家的区别，为研究中国投资率相关问题奠定了坚实基础。

1.4 研究框架

本书的研究内容主要可分为如下七个部分：

第一部分，绪论。此部分主要从世界经济环境与趋势、中国高投资率带来的一系列问题、中国经济发展新阶段与政策新导向等方面，阐述了本书的研究背景，并介绍了本书的研究意义和研究方法。

第二部分，研究综述。此部分主要从投资与经济增长、投资与经济周期波动、投资规模与投资效率三个方面，对已有经典文献和相关研究进行了综述。

第三部分，历程回顾与国际比较。此部分首先从总体趋势、产业结构、投资来源等方面回顾了中国投资率的演变历程，并总结了中国投资率的演变特点。其次，对中国与发达经济体、新兴经济体的投资率发展历程与特点进行了国际比较。

第四部分，投资率决定因素分析。此部分基于新古典增长模型，构建了一个包含收入增长、资本收入份额、投资的相对价格和各种市场扭曲的稳态投资方程，用于研究影响中国投资率的主要因素。基于稳态投资方程，本文利用 ARDL 模型对 1978—2010 年的时间序列数据进行结构计量分析。研究发现，收入增长率、政府支出及研究开发支出等因素对中国投资率具有显著影响。

第五部分，合理投资率分析。此部分主要基于投资效率和经济增长目标两个因素，通过定性分析和实证分析，研究了中国投资率的合理区间。研究发现，目前中国的投资率已经突破了该合理区间的上限，急需进行向下调整。

第六部分，投资波动分析。此部分利用 1992—2011 年的中国季度数据，基于固定资产投资和产出的时间序列性质，对中国固定资产投资波动与经济周期波动之间的关系进行了深入细致的研究。研究发现，固定资产投资波动对经济增长具有显著的"增长减损效应"，同时从周期成分来看，固定资产投资对经济增长存在显著为正的"波动溢出效应"。

第七部分，政策影响分析。此部分运用宏观经济政策分析模型，描述了1978—2010年中国宏观经济运行的长期和短期特征，并利用情景分析方法，模拟了宏观经济政策对投资率等经济变量的影响。研究得出，中国应通过提高利率和深化利率市场化改革来降低投资率，同时，通过实施积极的财政政策优化投资消费结构，保持人民币升值趋势并防止汇率剧烈波动。

第 2 章 投资与经济增长、经济周期研究综述

2.1 投资与经济增长研究综述

2.1.1 西方投资理论

西方投资理论的发展以凯恩斯理论为界分为两个时期。凯恩斯以前的西方投资理论尚未形成一个完整的体系，主要包括古典投资理论和新古典投资理论。古典学派最早比较系统地阐述了投资理论，回答了谁为投资主体、投资于何业、怎样做出投资选择、何为最适宜投资体制等基本问题。新古典学派在分析方法上对古典分析框架进行了补充，将边际原则和数理分析引入投资分析中，为评价投资效益、推荐投资选择、制定投资决策创建了精细的模式。基于边际原则的成本收益分析和机会成本分析，深化了古典学派的投资理论，使投资理论更具严密性和实用性。自凯恩斯理论之后，西方投资理论体系开始作为一个相对完整的理论体系出现在西方经济学中。凯恩斯之后的西方投资理论逐渐从静态分析过渡到动态分析，并开始寻求理论建立的微观基础，力图达到宏观理论与微观基础的统一，增强对现实经济的解释力。

（1）古典投资理论

古典学派研究的中心是如何增加国民财富，实现这一目的的手段就是有效地组织投资。古典学派按照统一的效率标准，根据"经济人"假设，设定投资主体为个人和组织。这些个人和组织在追求自身利益最大化的条件下，能够清晰准确地分析自己所处的环境，将资金投入到能够产生利润最多的行业之中。古典学派认为，自由放任的市场环境是资本有效利用的必要条件。个人和组织在市场"看不见的手"的调解下，充分利用价格信号所反映的市场供求关系，引导各生产要素的配置，在自由竞争的市场环境下，资源必定流向高利润部门，从而使个人和组织收益最大化。

古典学派在投资的机会选择方面提出了以绝对成本学说和相对成本学说为基础的投资地域和国际分工理论。斯密提出了绝对优势原理，认为一国资本应投向具有绝对优势的部门。① 该理论对先进国家有利，对落后国家极为不利，具有很大的片面性和局限性。李嘉图提出了比较优势原理，认为一国资本应投向具有相对优势的部门，发达国家和欠发达国家都可以从国际贸易中获得好处。② 这大大促进了国际贸易和投资的发展，同时也为投资决策提供了可操作的分析工具。

（2）新古典学派的投资理论

新古典学派对西方投资理论的贡献首先是在方法论上，引入了边际原则和数理方法来进行投资分析。数理方法的引进使得投资人可以精确地计算自己的投资收益，边际原则的引进可以帮助投资人做出正确的投资决策。同时两者也克服了古典学派绝对成本学说和比较成本学说在投资决策分析上的模糊性，使得新古典学派投资理论的实用性大大增强。为了说明依据边际原则所做的投资决策是否有效率，新古典学派提出了帕累托效率的概念。只有当投资的边际收益等于边际成本时，才是符合帕累托效率的。帕累托效率未涉及公平问题，并且仅考虑投资对当代人福利状况的影响，所以具有一定的局限性。

---

① 亚当·斯密. 国民财富的性质和原因的研究［M］. 郭大力，王亚南，译. 北京：商务印书馆，1972.
② 李嘉图. 政治经济学及赋税原理［M］. 郭大力，王亚南，译. 北京：商务印书馆，1983.

（3）凯恩斯主义投资理论

20世纪30年代，资本主义世界发生了严重的经济危机，促使人们对新古典投资理论进行修正和改进，凯恩斯主义投资理论就是在这一历史背景下产生的。凯恩斯主义投资理论以凯恩斯所著的《就业、利息和货币通论》的投资思想为基础，经过众多经济学家发展逐渐形成的。该理论首先以有效需求不足替代了供给自动创造需求的"萨伊定律"，修正了新古典的"经济人"假设，提出了三大心理法则，即"边际消费倾向递减"、"资本边际效率递减"、"流动偏好"，这三个心理法则导致了有效需求的不足。为解决有效需求不足问题，凯恩斯主义的投资理论还修正了投资属于个人和组织的新古典见解，提出了国家总量投资的分析框架和投资的乘数作用。

凯恩斯主义投资理论提出并利用资本边际效率曲线（MEC）和投资边际效率曲线（MEI）来研究投资行为。两条曲线都是向下倾斜的平滑曲线，表明利率与资本、投资具有反向关系。MEI曲线考虑了由于投资增加而导致的资本价格上升的因素，所以它更加准确和真实地反映了利率与投资的关系。凯恩斯主义投资理论对投资行为作了开创性的研究，但所提出的利率决定投资水平的观点未被实证证实。将利率看做解释投资的主要因素显然是与事实不完全相符的。

（4）后凯恩斯投资理论

后凯恩斯投资理论兴起于20世纪50年代和60年代，该理论抛弃了"利率决定投资水平"的传统观点，认为产出（或利润）才是决定投资水平的关键因素。其主要发展方向是加速度理论，基本形式是1939年英国经济学家Harrod提出的简单加速理论模型——Harrod模型。[①] 该理论假定固定的资本系数且忽略了对投资时滞的考察，这显然是与事实不符的。但该理论对西方投资理论的发展是开创性的，奠定了之后投资理论的发展方向。此后，众多经济学家对此模型进行了补充和完善。如Koyck提出了资本调整原理的投资理论，被称为"伸缩加速投

---

① HARROD R F. An essay in dynamic theory ［J］. The Economic Journal, 1939, 49 (193): 14-33.

资原理"，克服了加速理论忽略投资时滞的缺陷。[①]

除加速投资理论之外，还有一种比较重要的投资理论——利润理论。该理论认为，企业的投资水平是由以往的利润水平决定的，如果以往的利润水平较高，企业会扩大投资规模。其实，利润理论和加速理论有着相似之处，当假定企业追求最小成本后，累计利润为以往各期产出的函数。利润理论侧重于以往各期利润的考察，较之于加速理论看重本期预期产出，更加符合现实。

（5）新凯恩斯投资理论

新凯恩斯投资理论形成于 20 世纪 60 年代初期，对西方投资理论的贡献主要在于对投资时滞的研究，代表人物是美国经济学家 Eisner。[②]该理论认为，企业为使自身达到最优资本水平，需要支付一笔被称作调整成本的费用，该调整成本具有边际递增的特性，随着投资率的提高，调整成本将以递增的速度增加。企业在调整投资水平的时候，就需要权衡调整的边际收益和调整的边际成本，选取最优的调整速度，使得调整的边际收益等于边际成本，最大化企业的利润。新凯恩斯投资理论以独特的视角解释了投资时滞，同时引入了边际分析方法，为投资调整提供了定量分析工具。

（6）新古典投资理论

新古典投资理论在 20 世纪 60 年代初发展起来，美国著名经济学家 Jorgenson 对其发展做出了突出的贡献。[③] 该理论突破了几十年来凯恩斯主义者对投资理论的研究框架，具有很多新古典特征：边际分析方法、市场完全竞争、生产要素相互替代等，其中把生产要素的相互替代与现值最大化的思想相结合、引进资本的使用者成本是 Jorgenson 投资理论的一大特色。Jorgenson 力图为投资理论寻求微观基础，运用新古典的边际分析方法和 Cobb-Douglas 生产函数，根据生产者利润最大化原则，充分考虑了经济中影响投资水平的各种因素，得出了新古典投资理论的

① KOYCK L M. Distributed lags and investment analysis［M］. Amsterdam：North-Holland, 1954.
② EISNER R. A distributed lag investment function［J］. Econometrica, 1960, 28（1）: 1-29.
③ JORGENSON D. The theory of investment behavior［M］//FERBER R, ed. Determinants of investment behavior. National Bureau of Economic Research, Inc., 1967: 129-188.

最优资本函数，$K_t^* = \alpha P_t Y_t / c_t$，其中参数 α 表示资本产出弹性，c_t 表示资本使用者成本。这是 Jorgenson 对新古典投资理论所做的开创性贡献。但 Jorgenson 投资理论的缺陷也是明显的，首先他对投资时滞的研究是比较粗糙的，投资函数的构造是缺乏理论基础的，在逻辑性和严密性上都存在着缺陷；其次没有考虑资本存量的调整费用，企业的资本存量一旦偏离了最优水平，则调整可以在瞬间完成。

2.1.2　国外经济增长理论

经济增长理论发展至今已有200多年的历史了，从古典经济增长理论的初步探索，到模型化与定量化的分析，经济增长理论不断发展完善。其后又经过了新古典经济增长理论的改进和新经济增长理论试图将技术进步和人力资本内生化的努力，经济增长理论对现实的解释力大大增强。

（1）古典经济增长理论

亚当·斯密最早对经济增长问题进行了研究，并在他的著作《国民财富的性质和原因的研究》中分析了投资对各类资本积累的影响及资本配置对经济增长的影响。[①] 斯密认为，国民产出的增长主要由两个因素决定：一是资本的积累，二是资本的有效配置。资本的积累主要通过投资来实现，投资增长是经济增长的最基本决定因素，而资本的有效配置主要通过市场价格机制的调节来实现。一国要想实现本国的经济增长，可以通过两种途径实现：一是增加生产性劳动的数量，二是提高劳动的效率。此后，李嘉图发展了古典经济增长理论，首先分析了人口增长、粮食生产和经济增长之间的关系，其次分析了国内经济政策、对外贸易政策与经济增长的关系。李嘉图也认为资本积累是产出增长的最重要力量，并且在其著作《政治经济学及赋税原理》中分析了收入分配如何影响资本积累，进而影响经济增长。[②]

古典经济学家对经济增长理论作了基础性的探索，建立了经济增长

---

① 亚当·斯密. 国富论 [M]. 郭大力，王亚南，译. 上海：上海三联书店，2009.
② 李嘉图. 政治经济学及赋税原理 [M]. 郭大力，王亚南，译. 北京：商务印书馆，1983.

问题的基本分析框架，对经济增长的原因作了较全面的分析，认为资本积累和劳动分工是促进经济增长的最重要因素，特别强调了资本积累对经济增长的作用。从这个意义上看，古典经济增长理论属于资本决定论。

（2） Harrod–Domar 经济增长模型

Harrod–Domar 模型是由英国经济学家 Harrod 和美国经济学家 Domar 于 20 世纪 40 年代共同提出的。[1] 该模型共有五点假设：全社会使用劳动和资本两种生产要素，只生产一种产品；资本产出比保持不变；储蓄率保持不变；不存在技术进步，也不存在折旧；人口按固定速度增长。其基本公式为：$G=s/v$，G 代表经济增长率，s 代表储蓄率，v 代表资本产出比。在充分就业假设下，该模型的稳定增长条件为：$G_A = G_W = G_N$，其中 G_A 表示经济实际增长率，G_W 表示资本家意愿的或者有保证的增长率，G_N 表示人口增长率。实际上，Harrod–Domar 均衡是很难达到的，而且也是极不稳定的，所以被形象地称为"刀刃"上的均衡。Harrod–Domar 增长理论是建立在凯恩斯理论框架基础上的，从加速原理出发，着重强调投资增长决定于收入增长率的引致作用，而不是收入水平的绝对变化；最后，投资行为不仅能增加需求，更重要的是投资能扩大生产，提高产品的供给能力。

Harrod–Domar 模型是经济增长理论的第一个数理化模型，存在大量需要改进之处。例如，该模型的假设条件极为严苛，在现实中根本不可能实现；该模型对经济增长推动因素的分析角度比较单一，只将投资因素纳入到了模型之中，而没有考虑投资以外的其他因素；投资推动产量的增长有一定的时间间隔，即时滞，此模型也未予以考虑。但 Harrod–Domar 模型毕竟首次将数学方法引入经济增长理论中，这在经济增长理论发展史上是具有革命性的。此模型奠定了现代经济增长理论发展的基础，将经济增长理论带入到定量化分析的时代，而且，它正确地强调了投资对经济增长的决定性作用、投资对经济增长的双重作用——投资既提供供给，又创造需求。

---

① HARROD R F. Towards a dynamic economics［M］. London：Macmillan，1948. DOMAR E. Capital expansion，rate of growth，and employment［J］. Econometrica，1946，14：137–147.

（3）新古典经济增长模型

针对 Harrod-Domar 模型所存在的缺陷，美国经济学家 Solow 和 Swan 提出了新古典经济增长模型，即 Solow-Swan 模型。[①] 其基本方程为：$\Delta k = sf(k) - (n+\delta)k$。式中 $sf(k)$ 表示人均储蓄；$(n+\delta)k$ 表示为维持人均资本量不变所需的投资量，可称为资本广化；Δk 表示资本存量的变化率，可用于衡量每个劳动力拥有的资本存量，通常称为资本深化。该模型表明，当经济处于"稳定状态"时，人均资本停止变化而成为常数，则最优人均资本存量满足：$sf(k^*) = (n+\delta)k^*$。在 Solow-Swan 模型中，储蓄率对稳定状态增长率无影响。即无论 s 为何值，长期中经济都按 n 的速率增长，但储蓄率会影响短期增长率和长期稳定状态中的人均收入水平。

新古典经济增长模型也有一定的缺陷，它未能跳出传统的总量分析方法和新古典综合研究背景的束缚，假定技术外生给定，因而未能对技术进步机制作深入的研究。按照该模型的结论，世界上的欠发达国家通过获取先进技术，最终都可以赶上发达国家的发展水平，但现实情况是世界各国贫富差距日益扩大，有些国家和地区屡屡出现经济危机，对于这些现象该模型未能给出合理的解释。

但新古典经济增长模型相对于 Harrod-Domar 模型已经有了巨大的进步。首先，对 Harrod-Domar 模型所暗含的资本和劳动完全不可替代的假设进行了修正，避免了"刀刃均衡"的出现；其次，新古典经济增长模型将技术进步引入模型中，对经济增长的原因进行了较为全面的考察，认为经济增长不仅取决于资本积累率、劳动增长率以及资本和劳动对产量增长相对作用的权数，而且还取决于技术进步率；最后，它为经济增长的事实提供了一种解释，同时也为各国的经济发展提供了理论基础。一国要想获得经济的增长，在鼓励国民储蓄以提高储蓄率和引进外资时，不应仅重视资本数量的增加，而应更关注资本质量的提高。一国要想获得经济的长期增长，必须努力提升本国的技术水平，只有将资

---

① SOLOW R M. A contribution to the theory of economic growth [J]. Quarterly Journal of Economics, 1956, 70 (1): 65-94. SWAN T W. Economic growth and capital accumulation [J]. Economic Record, 1956, 32: 334-361.

本积累与技术创新、技术改进相结合，才能促进经济的长期增长。

（4）内生经济增长理论

20世纪80年代中期以来，经济增长理论取得了重大的进展。首先，Romerd《递增收益与长期增长》（Increasing Returns and Long-run Growth）和 Lucas《论经济发展机制》（On the Mechanics of Economic Development）的发表，标志着新增长理论的产生。① 其后，又经过了众多经济学家的发展，建立了许多有关经济增长的模型，逐渐形成了"新增长理论"。该理论修正了新古典经济学的外生技术假定和规模收益不变假定，首次将技术进步内生化引入模型中，探索技术的形成发展机制，强调经济增长是经济体系内部力量而不是外部力量作用的产物，重视对知识外溢、人力资本投资、研究和开发、收益递增、劳动分工和专业化、边干边学、开放经济和垄断化等新问题的研究。

新增长理论自20世纪80年代中期产生以来，主要形成了如下三个模式：

一是 Romer 模式，即收益递增型的增长模式。在该模式中，特殊的知识和专业化的人力资本是经济增长的主要因素，知识和人力资本不仅自身能形成递增的收益，而且能使资本和劳动等要素投入也产生递增收益，从而保证了整个经济的规模收益是递增的。递增的收益最终促使经济的长期增长。②

二是 Lucas 模式，即专业化的人力资本积累的增长模式。Lucas 将人力资本作为一个独立的因子纳入经济增长模式，运用更加微观的、个量的分析方法，将人力资本和技术进步概念结合起来并具体化为"每个人的"、"专业化的人力资本"，认为只有这种特殊的、专业化的人力资本积累才是产出增长的真正源泉。③

三是 Scott 模式，即强调资本投资作用的模式。Scott 反对 Solow、

① ROMER P M. Increasing returns and long-run growth, journal of political economy ［M］. Chicago：University of Chicago Press, 1986. LUCAS R E JR. On the mechanics of economic development, journal of monetary economics ［J］. Elsevier, 1988, 22（1）：3-42.

② ROMER P M. Increasing returns and long-run growth, journal of political economy ［M］. Chicago：University of Chicago Press, 1986：1002-1037.

③ LUCAS R E JR. 1988, On the mechanics of economic development, journal of monetary economics ［J］. Elsevier, 1988, 22（1）：3-42.

Romer 和 Lucas 等过分强调技术进步、知识积累和人力资本的作用。他认为，古典经济学关于产出增长主要由资本和劳动决定的观点是正确的，而技术进步和知识积累来源于资本投资，因此资本积累才是经济增长的决定因素，故应将技术进步、知识积累、人力资本和资本积累结合起来考虑。①

新增长理论将知识和人力资本引入到经济增长模型中，引领了增长理论的发展方向，在经济增长理论发展史上具有划时代的意义。同时，新增长理论提出了要素收益递增的观点，突破了以往经济增长理论中要素收益不变或要素收益递减的假定，为增长理论开辟了新的天地。此外，新增长理论关于经济增长决定于知识和人力资本要素的观点，解释了各国经济增长率和收入水平存在巨大差异的原因。

2.1.3　中国投资与经济增长研究综述

投资是经济增长的前提条件，同时又是国家进行宏观调控的重要工具。中国学者已对投资与经济增长的关系做了大量研究，揭示了投资与经济增长的相关关系。②

焦佳等利用 1953—2005 年的数据研究发现，中国固定资产投资与经济增长之间存在长期均衡关系。③ 高燕和贾海红利用 1979—2005 年的数据研究发现，中国的固定资产投资与经济增长之间存在着长期稳定关系和动态均衡机制。④ 李万茂分别从国民经济核算、投入产出、宏观经济学和实际统计工作四个角度计算了固定资产投资对经济增长的贡献。⑤ 侯荣华利用 1980—2000 年的数据研究发现，中国 GDP 的增长主要取决于前一年的投资，当年投资也起重要作用，但其作用远小于前一

---

①　SCOTT M F. A new view of economic growth〔R〕. World Band Working Paper 3340.
②　杜两省. 投资与经济增长〔M〕. 北京：中国财政经济出版社，1996. 刘慧勇. 宏观投资学〔M〕. 北京：中国人民大学出版社，1990. 张富春. 资本与经济增长〔M〕. 北京：经济科学出版社，2000. 张合金. 投资规模调节论〔M〕. 北京：中国财政经济出版社，2000.
③　焦佳，赵霞，于雪. 我国经济增长与固定资产投资的变结构协整分析〔J〕. 山东经济，2008（1）：48-51.
④　高燕，贾海红. 中国经济增长和固定资产投资关系研究〔J〕. 中国电力教育，2008（S2）：160-164.
⑤　李万茂. 关于投资对经济增长贡献的计算方法应用简析〔J〕. 统计研究，1999（5）：42-48.

年的固定资产投资。① 王天营的研究发现，1981—2002 年中国固定资产投资对 GDP 的滞后影响期为 1 年左右。② 张鹏和许敏基于 1980—2008 年的数据，运用多因素分析法研究得出，中国的固定资产投资与 GDP 之间存在着长期稳定关系和动态均衡机制。③ 刘金全和于惠春基于 1992—2000 年的数据研究发现，1992 年以来中国经济整体上体现出了投资与产出之间的弱因果关系，但实际 GDP 与固定资产投资之间体现出了较强的当期相关性，投资对产出具有很强的时间效应。④ 雷辉利用 1978—2003 年的数据研究得出，中国的固定资产投资对经济增长有很大的拉动作用，当年的固定资产投资每增加 1 个百分点，国内生产总值约增加 0.89 个百分点，并且两者之间还存在着长期稳定关系和双向因果关系。⑤ 刘金全和印重利用 1993—2010 年的季度数据研究发现，中国投资增长率对经济增长率具有单向正向影响，投资具有显著的"时间累积效应"，投资与经济增长之间存在正向非对称性关联，且投资对经济增长产生了正向的"溢出效应"，而扩张并未对投资产生显著的"牵拉效应"。⑥

张华嘉和黄怡胜把固定资产投资的资金来源划分为国家投资、国内贷款投资、外国投资、自筹资金及其他资金来源投资，分析了 1978—1997 年固定资产总投资和各种投资对经济增长、行业结构和地区结构的影响，发现自筹资金、外国投资和其他资金来源投资是影响中国经济增长和经济结构的主要因素，但由于快速增长和结构扭曲使它们的投资效率下降。⑦ 高天成和杨俊采用协整和误差修正模型分析了中国改革开放以来固定资产投资结构与经济增长的关系，发现国有经济投资额、国内贷款投资额、房地产投资额与 GDP 存在协整关系，私营经济

① 侯荣华. 固定资产投资效益及其滞后效应分析 [J]. 数量经济技术经济研究, 2002 (3)：13-16.
② 王天营. 我国固定资产投资对经济增长的滞后影响研究 [J]. 经济问题, 2004 (12)：50-52.
③ 张鹏, 许敏. 我国固定资产投资对经济增长影响的计量分析 [J]. 生产力研究, 2011 (7)：62-64.
④ 刘金全, 于惠春. 我国固定资产投资和经济增长之间影响关系的实证分析 [J]. 统计研究, 2002 (2)：26-30.
⑤ 雷辉. 我国固定资产投资与经济增长的实证分析 [J]. 对外经济贸易大学学报, 2006 (2)：50-53.
⑥ 刘金全, 印重. 我国固定资产投资与经济增长的关联性研究 [J]. 社会科学期刊, 2012 (1)：131-134.
⑦ 张华嘉, 黄怡胜. 固定资产投资与经济增长 [J]. 世界经济文汇, 1999 (6)：3-9.

投资对经济的影响不明显，国内贷款投资额和房地产投资额是 GDP 变化的主要原因。[①]

李红松的研究表明，中国东部和西部均只存在投资对经济增长的单向显著影响关系，说明加快投资是加速西部经济增长、缩小差距的主要措施。[②] 田泽永等利用 1988—2004 年中国各省的数据研究得出，投资是促进中国经济增长的重要原因，不同的地区应采取不同的投资战略进行引导。[③] 任歌利用 1978—2008 年的数据研究得出，中国投资与经济增长均存在区域差异性，且差距均在逐渐缩小。中部地区投资对经济增长的影响要显著高于东、西部地区，中部地区投资是引起经济增长的格兰杰原因，而东、西部地区的格兰杰原因则不显著。[④]

2.2 投资与经济周期波动研究综述

2.2.1 西方经济周期理论

经济周期理论是宏观经济学的一个重要分支，不同经济学流派对经济问题的假设和分析角度不同，因此对经济周期的原因及传导机制的解释也就不一。

（1）古典经济周期理论

18 世纪到 20 世纪 30 年代属于古典时期，代表人物有亚当·斯密、马克思等。[⑤⑥] 古典经济学家信奉古典自由主义，认为市场经济运行可能偏离产量与就业的均衡水平，但这种偏离是暂时的；市场机制的最优化力量会使经济快速恢复到均衡状态，所以政府干预是不必要的。例如，古典货币数量论认为，货币数量长期内不会产生真实效应，只能影

---

① 高天成，杨俊. 我国固定资产投资结构与经济增长的关系 [J]. 工业技术经济，2009（1）：50–53.
② 李红松. 固定资产投资与经济增长关系的地区差异比较 [J]. 决策参考，2004（5）：104–105.
③ 田泽永. 固定资产投资对经济增长贡献的比较研究 [J]. 预测，2008（1）：29–40.
④ 任歌. 我国固定资产投资对经济增长影响的区域差异性研究 [J]. 财经论丛，2011（5）：25–31.
⑤ 亚当·斯密. 国富论 [M]. 郭大力，王亚南，译. 上海：上海三联书店，2009.
⑥ 马克思. 资本论 [M]. 中共中央马克思恩格斯列宁斯大林著作编译局，译. 北京：人民出版社，1975.

响价格。萨伊提出的"萨伊定律"认为，生产行为同时创造了收入和购买能力，因此不可能引起总需求不足，也不可能出现就业不充分。[①]

在这一时期，也有一些经济学家认识到经济周期的存在，但是对经济周期的解释没有形成体系。马克思的"经济危机理论"，是作为论证"资本主义必然灭亡"的证据之一提出的，具有强烈的意识形态色彩和阶级立场。马克思认为，经济周期的根源在于生产相对过剩的危机，资本主义特有的社会化大生产和买卖分离的交换方式加深了这一危机，危机进而引起了经济周期波动。经济周期性失衡的物质基础是固定资本的更新。固定资本更新的平均时间决定了经济周期的时间长短。

（2）凯恩斯主义经济周期理论

1929—1933 年，西方资本主义世界出现了经济危机，古典经济理论既不能在理论上对大危机发生的原因做出解释，也不能提出解决政策。在此背景下，凯恩斯主义经济理论诞生了。

凯恩斯改变了古典经济主义关于价格和工资灵活调整的假设，认为价格不能灵活调整和存在工资刚性。凯恩斯基于边际消费倾向递减、资本边际效率递减、流动偏好三大规律来分析有效需求不足，证明了经济周期存在的必然性。凯恩斯提出，一个经济体的就业和产量取决于有效需求水平，而有效需求水平包括投资和消费水平。消费需求的大小由边际消费倾向决定、投资需求的大小由边际资本效率和利率决定。上述三大规律使消费和投资小于总供给，导致经济衰退和波动。[②] 因此，他强调加强国家对经济的干预，采取相机抉择的宏观政策，稳定总需求，保持充分就业，消除经济周期波动。

凯恩斯之后，许多学者试图用更加动态的方式来完善对不稳定性问题的解释。萨缪尔森对凯恩斯理论给出了重要补充，他假定乘数和加速因子都发挥作用。[③] 由此导出，消费需求一个小的变化，可能导致投资一个较大的变化，投资增长又引致产出增加，于是又导致进一步消费的预期增加，如此重复下去，由此解释了经济中小的扰动诱发大的扰动的

① 萨伊. 政治经济学概论 [M]. 陈福生，陈振骅，译. 北京：商务印书馆，1997.
② 凯恩斯. 就业、利息和货币通论 [M]. 徐毓枬，译. 北京：商务印书馆，1963.
③ 萨缪尔森. 经济学 [M]. 18 版. 萧琛，译. 北京：人民邮电出版社，2008.

原因，同时也解释了为什么经济周期不可能短期内自我修正的事实。

凯恩斯主义证明了经济周期的存在，找到了导致经济不稳定的内在机制，强调政府实施稳定经济政策的必要性。凯恩斯主义的经济政策帮助渡过了经济危机，为第二次世界大战后经济的发展提供了有力的理论依据。

（3）货币主义经济周期理论

凯恩斯主义认为，经济周期出现的原因是总需求不足，因此熨平经济波动的方法是政府通过相机抉择实施财政政策和货币政策来调节总需求、维持经济稳定。20世纪70年代，滞胀的发生使凯恩斯主义不再奏效。以Friedman为代表的货币主义抛弃凯恩斯主义对经济周期的解释，继承了古典货币主义的理论。①

货币主义和凯恩斯主义都认为总需求的不稳定是经济周期产生的主要原因，分歧在于货币学派认为总需求不稳定是货币供给的不稳定造成的，将经济的周期波动归结为货币数量的变动。货币主义认为，如果没有外生的扰动，私人支出包括私人投资是基本稳定的，私人支出与产出、就业的自然增长率是一致的。而导致经济波动的原因，是政府货币供给的不稳定，当货币供给量偏离其稳定增长路径时，经济周期就会发生。从长期看，经济系统会趋于内在稳定。但短期内货币政策的不稳定会导致总需求的波动，进而导致经济不稳定。

因此，货币学派主张按照单一规则制定货币政策，使货币供应量按固定的增长率增长。其反对凯恩斯主义相机抉择的货币政策和财政政策，认为由于经济政策发挥存在时滞，不但不会减轻经济波动，反而有可能加剧经济波动。

（4）新古典主义经济周期理论

新古典主义经济周期理论以古典主义的理论为基础，主张用经济的微观基础解释经济周期现象。新古典宏观经济学的发展经历了两个重要的历史阶段：第一阶段始于20世纪70年代，主要是"理性预期学派"；第二阶段始于20世纪80年代，主要是"实际经济周期理论"。

---

① FRIEDMAN M. The role of monetary policy [J]. American Economic Review, 1968, 58 (1): 1-17.

①理性预期学派的经济周期理论。理性预期学派以 Lucas、Sargent 和 Wallace 为代表，他们继承了古典主义市场出清、经济当事人追求利益最大化的假设，并引入理性预期假设。① 理性预期学派认为，经济波动的原因在于预期错误，最主要的是对货币供给变化的预期错误，认为预料不到的货币冲击是价格和产量波动的驱动力。Lucas 分析经济周期是从微观机制切入的，考虑单个经济人对相对价格的反应，然后过渡到对一般价格水平变化的反应，最后说明一般价格变化的原因，即经济周期性波动的根源。理性预期学派提出的政策建议与货币主义的政策建议是一致的，即"单一规则货币政策"。

理性预期学派把经济周期的根源看做对货币冲击的预期失误导致的，而忽略了实际因素对经济周期的影响。理性预期学派的后期学者不赞成用货币冲击来解释经济波动，而用以技术变动为代表的实际冲击解释经济波动，提出了实际经济周期理论。

②实际经济周期（Real Business Cycle，RBC）理论。实际经济周期理论由理性预期学派的理论演化而来，以 Kydland 和 Prescott、Long 和 Plosser 等为代表。② 实际经济周期理论模型建立在微观基础分析之上，认为个体根据劳动供给的跨期替代分析框架，即工人根据成本-收益分析，在不同时段分配工作时间。理性的个人在价格结构相对变动的情况下，会改变劳动供给和消费的决策，从而对生产函数形成供给方面的冲击，导致总产出和就业量的波动。该理论认为，当拥有理性预期的经济主体面对技术冲击所引起的变动时，经济波动是最优选择的结果。因此，产出的波动不应该被视为对理想的产量趋势的偏离，这种波动也不会影响经济主体的福利。也就是说，经济波动是帕累托最优的，在任何时候，经济都处于均衡状态。

RBC 模型运用的动态—般均衡分析方法（Dynamic Stochastic General Equilibrium，DSGE）已成为研究经济周期的主要方法。但是，

---

① LUCAS R E. Expectations and the neutrality of money [J]. Journal of Economic Theory, 1972, (4). SARGENT T J, WALLACE N. Rational Expectations, the Optimal Monetary Instrument, and the Optimal Money Supply Rule [J]. Journal of Political Economy, 1975, (83): 241-254.

② KYDLAND F E, EDWARD C. Prescott. rules rather than discretion the inconsistency of optimal plans [J]. The Journal of Political Economy, 1977, (3): 473-492. LONG J B, PLOSSER C I. Real business cycle [J]. Journal of Political Economy, 1983, (1): 39-69.

RBC 模型本身仍存在较大争议。例如，用索洛残值的变动来度量技术冲击是不准确的，模型核心的传导机制、劳动供给的跨期替代没有微观研究的证据，模型忽略了货币扰动对经济周期的影响。①

（5）新凯恩斯主义经济周期理论

由于无法解释经济滞胀的发生使凯恩斯主义陷入了困境，理性预期学派和货币主义大行其道，但也未能真正解决许多现实经济问题、消除经济波动。

新凯恩斯主义以 Stiglitz、Mankiw 等为代表。②③ 新凯恩斯主义继承了凯恩斯主义的非市场出清的观点，主张政府对经济进行干预；改变了原凯恩斯主义的价格水平和名义工资水平刚性假定，认为工资和价格水平黏性，即不是一成不变而是缓慢变化的；修正了传统凯恩斯主义缺乏微观基础的缺点，并借鉴了理性预期学派的理性预期假设。

新凯恩斯主义认为，经济中存在一种机制，这种机制可以扩大各种小的和中等规模的外在的、未预期到的冲击，并且把这些冲击转变成大的波动。经济不只是扩大这些冲击，还使得这些冲击的影响在最初的干扰消失以后持续相当长的时间。根据这种观点，干扰的根源是外生的，但是存在一些内生力量，使得波动加剧并将干扰的影响持续下去。新凯恩斯主义不相信市场经济总是能够吸收各种冲击并对冲击做出反应，因而保持充分就业；相反，在大多数情况下，经济实际上扩大了这些冲击并且使冲击的作用持续存在。

新凯恩斯主义的经济周期理论与凯恩斯主义的经济周期理论的结论是一致的，即政府干预经济是必要的。但是，它解释了为什么存在工资和价格黏性，弥补了凯恩斯主义缺乏微观基础的不足，具有重要的理论意义。

（6）金融经济周期理论

20 世纪 80 年代以来，金融活动已不再仅服务于实体经济活动，而

---

① 戴维·罗默. 高级宏观经济学 ［M］. 王根蓓，译. 上海：上海财经大学出版社，2009.

② STIGLITZ J E, WEISS A. Credit rationing in markets with imperfect information ［J］. The American Economic Review, 1981 (3)：393-410.

③ MANKIW N G. Small menu cost and large business cycles：a macroeconomic model of monopoly ［J］. Quarterly Journal of Economics, 1985, 100 (2)：529-537.

逐渐独立于实体经济活动，成为影响实体经济运行的重要因素。在金融工具创新、金融管制放松和金融市场融合的趋势下，资金的高度流动性改变了经济周期的运行特征，传统周期理论已无法解释短期经济剧烈波动的现象。金融经济周期理论从委托—代理问题切入，突破传统周期理论的局限性，从一个全新的视角研究现代经济周期的运行规律。但直至目前，该理论尚未形成统一的分析框架。

金融经济周期理论以 Bernanke 等为代表，[①] 对金融机制的放大效应进行了全面的考察。其核心观点是，因金融市场缺陷而产生的金融摩擦会放大金融冲击，这就是所谓的金融加速器效应。"银行信贷渠道"和"资产负债表渠道"是金融经济周期两个最重要的传导机制，发生作用的前提条件是借贷双方信息不对称和金融摩擦。

银行信贷渠道主要从银行角度考察金融经济周期。负向冲击直接影响到银行的准备金。由于信贷紧缩，银行可贷资金将减少。当衰退期银企之间代理人问题突出时，融资渠道的信息不对称问题将进一步放大消极因素对经济的冲击。金融摩擦妨碍企业从其他的信贷渠道获得外部资金以代替银行贷款，[②] 也妨碍银行从金融市场融资以弥补存款或者准备金的减少。[③] 由此可见，信贷渠道是金融经济周期的一个重要传导机制。

资产负债表渠道主要从企业角度考察金融经济周期。负向冲击会降低企业收益、增加成本、减少净资产价值和提高财务杠杆，从而恶化企业的资产负债表和融资条件，导致外部融资的可获得性降低或融资升水的提高。如果公司外部融资依赖性强，冲击将被这种传导机制放大数倍。当金融摩擦严重时，金融周期波动尤为明显。[④] 资产负债表渠道也是货币政策冲击的主要传导机制。当随紧缩性货币政策而来的负向冲击恶化企业的资产负债表时，企业获得的可授信贷额度将降低，这对企业

① BERNANKE B, GERTLER M, GILCHRIST S. The financial accelerator in a quantitative business cycle framework [M] //TAYLOR J B, WOODFORD M. Handbook of macroeconomics. New York: Elsevier Science, 1999.
② KORAJCZYK R, LEVY A. Capital structure choice: macroeconomic conditions and financial constraints [J]. Journal of Financial Economics, 2003, (68): 75-109.
③ BRISSIMIS S. MAGGINAS N. Changes in financial structure and asset price substitutability: a test of the bank lending channel [J]. Economic Modeling, 2005, (22): 879-904.
④ LI WENLI, WEINBERG J. Firm-specific learning and the investment behavior of large and small firms [J]. International Economic Review, 2003, (44): 599-625.

的投资支出将产生放大效应。

金融经济周期理论将对实体经济的关注拓展到了对虚拟经济的关注，可以较好地分析经济周期短期内的剧烈波动现象。但由于该理论形成和发展的时间较短，目前尚未形成统一的理论框架，还需进一步完善。

（7）经济周期理论简要评价

通过前文的综述可以看出，自古典主义以来，经济周期理论各个流派相互借鉴、不断融合，新古典主义继承和拓展了古典主义的基本思想；新凯恩斯主义批判地继承了凯恩斯主义的基本观点，同时借鉴了新古典主义的假设和分析方法；货币主义继承了古典货币主义的主要观点，并借鉴了凯恩斯主义的流动偏好理论；金融经济周期理论在传统实体经济周期理论的分析框架下，将金融市场和虚拟经济引入，拓展了传统经济周期理论。

各个流派争论的焦点主要集中在两点：一是经济波动是内生还是外生的。现在的共识是：经济波动既有外生冲击的原因，也有内生的传导机制将局部的微小波动扩散到整个经济体系的原因。二是政府是否应该干预经济波动。关于这一点，至今没有定论，各学派基于各自的假设条件会产生不同的观点。

每种经济周期理论都是在特定的经济环境下应运而生的。具体的历史情境下，各个流派的基本假设不同、分析角度不一，找到的经济波动的根源和政策建议也就不一样。每一种周期理论都有其历史局限性，也有其独特的优点。因此，一种理论不能完全取代另一种理论，而是相互借鉴、相互融合。

2.2.2 中国经济周期的研究综述

中国经济在高速增长的同时也伴随着显著的经济波动。因此，将中国的经济波动特征准确地刻画出来，在此基础上找出中国经济波动的原因，具有重要的理论和现实意义。学术界对经济周期的认识有很强的历史性。在改革开放以前，受马克思主义的影响，学者们普遍认为经济周期是资本主义制度的产物，社会主义不会有经济周期。改革开放之后，随着西方经济学各学派思想的不断流入，经济学家对经济周期的理解不断加深。学术界对经济周期的考察大致分为三个方面：一是对经济周期的特点进行分析，即回答中国经济周期"是什么"的问题；二是对经济周期产生的原因进行分析，即回答中国经济周期"为什么"发生的问题；三是对经济波动的福利效应进行分析，为中国政府制定和调整宏观调控政策提供参考建议。

（1）经济周期的特征

①经济周期的定义。关于经济周期的界定主要有两种：一是古典周期（Classical Cycle），是指经济时间序列"绝对水平"本身的上下波动；二是增长周期（Growth Cycle），也称现代周期，是指国民经济活动的相对水平有规律地出现上升与下降的交替和循环。在增长型经济周期波动中，总量经济指标具有一个长期的趋势水平，并围绕这个趋势上下波动。在整个周期中，经济总量并不出现绝对水平上的下降，而只是增长速度的高低起伏波动。现在越来越多的经济学家趋向于用增长周期的界定方式。

②经济周期的测度。中国经济周期的测度，经历了从用古典周期来衡量到用增长周期来衡量的转变。在测度经济周期波动时，关键是将时间序列中的趋势成分分离出来。陈越用社会总产值年增长率测度经济波动。[①] 卢建用社会总产值3年平均环比增长率来测度经济周期的波动率。[②] 中国人民银行金融研究所课题组认为，用总体经济指标增长率的方法来度量经济波动有明显的局限性：一方面，该方法不能分离总体经济指标中所包含的增长和波动因素，因而不能深入研究纯粹意义上的周期现象；另一方面，该方法难以分离经济的内在波动和外部经济的随机扰动影响，也难以分析短期波动和中长期波动。为了准确度量经济周期，应当运用加法模型和消除时间序列中包含的长期增长趋势的方法处理数据，分析经济的波动。[③]

施发启在实证的基础上将经济周期分解为趋势变动项、循环变动项

---

① 陈越. 我国经济周期问题的分析与思考［J］. 管理世界，1986（5）：17-24.
② 卢建. 中国经济周期的实证分析（上）［J］. 管理世界，1991（4）：56-72.
③ 中国人民银行金融研究所课题组. 经济周期的形态和特征［J］. 金融研究，1992（10）：43-47.

和不规则变动项，使其对经济波动的表达更准确，并且建立了经济周期模型，预测了经济周期的长度和时间。[①] 秦宛顺等认为，用自回归移动平均方法分析经济周期时有许多局限性：一方面，在一个序列中同时含有多个周期分量时，阶数较低的自回归移动平均模型很难将多个周期同时反映出来；另一方面，自回归移动平均模型损失样本点，这对于较短的经济时间序列将会引发严重的问题。时间序列的谱分析方法能弥补时域方法处理经济周期问题的不足，因此他用该种方法对中国经济周期做了实证研究和分析。[②]

刘金全等使用 H-P 滤波法、时间趋势平稳、ARMA 趋势平稳和状态空间分解趋势分解方法，对中国 GDP 增长率序列进行了趋势分解，以此度量经济周期。刘金全等对这些度量方法的准确性进行了比较，认为各个方法得到的周期成分具有类似的统计性质，但就残差序列的白噪声检验来说，双变量状态空间模型的分解效果最为显著。因此，应该采用状态空间模型度量中国的经济周期性质。[③] 董进用 H-P 滤波法、Band-Pass 滤波法、生产函数法和线性趋势法处理实际 GDP 序列，用实际 GDP 偏离潜在 GDP 的程度来度量经济波动。[④] 杜婷利用差分法、H-P 滤波法以及 Band-Pass 滤波法对中国主要经济变量序列长期趋势项进行分解，采用时域分析方法和频域分析方法度量了中国经济周期波动的特征。[⑤] 吕光明和齐鹰飞通过对 23 个主要宏观经济变量数据进行 C-F 滤波分解，分析了中国的经济周期。[⑥] 王少平和胡进运用 B-N 数据分解理论，对 GDP 数据进行趋势周期分解，以度量经济周期。[⑦]

③经济周期的形态与性质。关于经济周期的形态与性质，中国的研究从对经济周期简单波动性质的研究，逐渐过渡到运用计量工具对经济

① 施发启. 中国经济周期实证分析 [J]. 统计研究, 2000 (7)：59-62.
② 秦宛顺, 勒云汇, 王明舰. 经济周期波动的谱分析方法 [J]. 数量经济技术经济研究, 1996 (11)：32-37.
③ 刘金全, 刘志刚. 我国 GDP 增长率序列中趋势成分和周期成分的分解 [J]. 数量经济技术经济研究, 2004 (5)：94-99.
④ 董进. 宏观经济波动周期的测度 [J]. 经济研究, 2006 (7)：41-48.
⑤ 杜婷. 中国经济周期波动的典型事实 [J]. 世界经济, 2007 (4)：3-12.
⑥ 吕光明, 齐鹰飞. 中国经济周期波动的典型化事实：一个基于 C-F 滤波的研究 [J]. 财经问题研究, 2006 (6)：3-10.
⑦ 王少平, 胡进. 中国 GDP 的趋势周期分解与随机冲击的持久效应 [J]. 经济研究, 2009 (4)：65-76.

周期典型化事实的研究。陈越用波谷之间的距离表示波动周期长度，用波峰与波谷的高度差变化趋势表示波动趋势，分析了中国 1953—1985 年的经济周期。[①] 刘树成用 1953—1986 年的数据，详细分析了此间每个波动的性质，按不同的标准对每一个波动进行了分类，按波动类型分为古典型波动和增长型波动；按波动持续的时间长短分为大小中周期。[②] 卢建用周期长度、周期振幅、周期波动系数指标刻画了中国 1949—1990 年间经济周期的特征，认为中国经济周期振动幅度大，波动剧烈，每个周期长度并不规则，介于 6～8 年之间。[③] 刘树成从波动的幅度、波动的高度、波动的深度、波动的平均位势和波动的扩张长度五个角度，分析了中国经济波动的现象，并比较了改革前后的波动状态，认为改革前后波动状态的变化可概括为：由"大起大落"型转向"高位-平缓"型。[④]

近年来，学术界不再侧重对经济周期的实证描述，而是更加倾向于对经济周期波动典型化事实的分析。在宏观时间序列经验特征的基础上，通过统计分析、推断和检验而确认经济周期波动中普遍存在的事实，重在探讨最一般的波动特征和几乎所有经济都表现出的相似的规律。目前，被广泛认同的经济周期波动的典型化事实包括以下三个方面：以宏观时间序列的标准差表示的波动性、以产出同其他宏观时间序列之间的时差相关系数表示的协动性以及以宏观时间序列的一阶自相关系数表示的粘持性。

陈昆亭等研究了中国经济各宏观变量与产出之间的关系、各变量自身的波动特征，并比较了中国与其他国家经济周期之间的差异。[⑤] 吕光明和齐鹰飞用钱士春、陈杰的方法分析了中国经济周期波动的经验特征，从波动性、协动性和粘持性三方面总结了中国经济周期波动的典型

① 陈越. 我国经济周期问题的分析与思考 [J]. 管理世界，1986 (5)：17-24.
② 刘树成. 投资周期波动对经济周期波动的影响——对我国固定资产投资周期性的探讨之四 [J]. 数量经济技术经济研究，1987 (6)：26-33.
③ 卢建. 中国经济周期的实证分析（上）[J]. 管理世界，1991 (4)：56-72.
④ 刘树成. 论中国经济周期波动的新阶段 [J]. 经济研究，1996 (11)：3-11.
⑤ 陈昆亭，周炎，龚六堂. 中国经济周期波动特征分析：滤波方法的应用 [J]. 世界经济，2004 (10)：47-56.

化事实。[①] 梁琪和滕建州分析了宏观经济基准周期以及退势后总量时间序列的易变性、共动性和因果关系。[②]

（2）经济周期波动原因分析

对经济周期波动原因的分析一直是中国经济周期研究的重点。学术界对经济周期波动原因的分析角度大致有两类：一是通过定性分析或简单的定量分析，考察导致经济周期的相关因素，如投资、消费、经济政策、货币发行量等因素；二是通过建立理论模型和运用计量方法，讨论导致经济波动的因素，以及考察内部传导机制。

刘金全和刘志刚分析认为，中国经济周期波动性与价格和货币等名义经济波动性之间存在密切关系；从产出波动性的成分分解来看，产出波动性降低主要源于投资波动性、政府支出波动性和净出口波动性的降低，而消费波动性继续保持平稳态势。[③] 李建平和宋竞建立模型推导出了对于总收入相同的人群，不同的收入分布状态会导致总消费支出的差异。经济波动的根源在于总需求的波动，收入差距的消费需求影响很大，进而对经济波动产生影响。[④] 杜婷和庞东检验了市场化程度、非国有化水平和开放度三个制度冲击变量对中国经济周期波动特征的改变作用，结论认为，制度变动冲击对经济周期变动的方向及程度起较大的决定性作用。[⑤] 孙广生考察了各产业波动与经济波动的相关性、经济波动过程中各产业波动的特点以及推动经济波动的产业来源。[⑥]

这些研究大都采用定性比较方法或计量工具计算的方法，重点是分析比较各个宏观经济变量与经济波动的关系，但是对于它们之间的内部传导机制没有给出一个分析框架。近年来，学术界多采用动态随机一般均衡模型（DSGE）对各种冲击变量以及经济运行的内部传导机制进行

---

① 吕光明，齐鹰飞．中国经济周期波动的典型化事实：一个基于 C-F 滤波的研究[J]．财经问题研究，2006（6）：3-10．钱士春．中国宏观经济波动实证分析：1952—2002 [J]．统计研究，2004（4）：12-16．陈杰．改革开放以来我国经济周期波动的典型事实 [J]．理论探索，2011（7）：130-131．
② 梁琪，滕建州．中国经济周期波动的经验分析 [J]．世界经济，2007（2）：3-12.
③ 刘金全，刘志刚．我国经济周期波动中实际产出波动性的动态模式与成因分析[J]．经济研究，2005（3）：26-35.
④ 李建平，宋竞．对经济周期波动的收入差距因素分析 [J]．商业研究，2005（12）：27-29.
⑤ 杜婷，庞东．制度冲击与中国经济的周期波动 [J]．数量经济技术经济研究，2006（6）：34-43.
⑥ 孙广生．经济波动与产业波动（1986—2003）——相关性、特征及推动因素的初步研究 [J]．中国社会科学，2006（3）：62-73.

精确分析。

陈昆亭等建立了内生资本利用和公共消费需求的单部门随机动态一般均衡模型，引入总劳动供给和消费需求的预期偏差（代表不确定因素），建立太阳黑子模型对经济波动进行分析。结论认为，太阳黑子冲击对经济波动的贡献有限，实际冲击是经济周期波动的主要原因。① 黄赜琳采用 DSGE 方法，将政府支出作为外生随机冲击变量，构建中国三部门实际经济周期（RBC）模型，对改革开放之后的中国经济周期进行了实证检验。研究发现，在包含政府部门的 RBC 模型中，技术冲击和政府支出冲击可以解释 70% 以上的中国经济波动特征，中国经济波动是技术因素、供给因素和需求因素综合影响的共同产物。② 齐鹰飞基于一个较为一般的动态一般均衡框架，从理论上探讨了技术冲击的长期影响。结果发现，技术冲击虽然是中国经济周期波动的主要成因，但其贡献要远小于现有的其他实证结果。③ 庄子罐等建立了一个包含预期冲击的小型 DSGE 模型，探讨预期冲击驱动经济波动的机制及其动态特征。结论认为，预期冲击是改革开放以后中国经济周期波动最主要的驱动力，可解释超过 2/3 的经济总量的波动。④ 鄢莉莉和王一鸣运用一个包含三种金融市场冲击的 DSGE 模型研究金融市场冲击对中国经济波动的影响以及这种影响的变化。结论认为，中国产出波动的 1/4 由金融市场冲击导致，并且该比例随着金融市场的发展而上升。⑤

（3）经济周期波动的福利效应

波动作为一个宏观经济现象是否具有福利损失，决定了政府是否应该实施宏观调控。因此，度量经济波动的福利损失具有非常重大的现实意义。经济波动的福利效应度量成为学术界一个新的研究热点。

① 陈昆亭，龚六堂，邹恒甫. 什么造成了经济增长的波动，供给还是需求：中国经济的 RBC 分析 [J]. 世界经济，2004（4）：3-11.
② 黄赜琳. 中国经济周期特征与财政政策效应——一个基于三部门 RBC 模型的实证分析 [J]. 经济研究，2005（6）：27-39.
③ 齐鹰飞，王宪勇. 技术冲击与中国经济周期波动 [J]. 财经问题研究，2008（11）：24-30.
④ 庄子罐，崔小勇，龚六堂，邹恒甫. 预期与经济波动——预期冲击是驱动中国经济波动的主要力量吗？[J]. 经济研究，2012（6）：46-59.
⑤ 鄢莉莉，王一鸣. 金融发展、金融市场冲击与经济波动——基于动态随机一般均衡模型的分析 [J]. 金融研究，2012（12）：82-95.

陈彦斌等通过构造一个基于习惯形成的福利成本模型对中国经济波动福利成本进行的估计表明，中国经济波动的福利成本大约是美国的22倍。[①] 陈太明利用Lucas的理论模型和经验数据对中国经济周期的福利成本进行了分析，研究表明，在取相同的相对风险规避系数的情况下，中国经济周期的福利成本是美国的2倍多。而在考虑结构性变化时，中国1990年之前的经济周期福利成本是美国的4倍多。[②] 张超利用经验数据对中国经济波动福利损失所做的经验估计表明，中国的经济波动具有较大的福利损失。其重要表现就是，经济波动对经济长期增长具有负面影响，经济波动每上升1个标准差就会导致经济长期增长率至少下降0.23个百分点。经济波动产生的福利损失表明，对经济波动实施相机调控是非常必要的。[③]

（4）中国经济周期研究简要评价

以上关于中国经济周期研究的文献综述，主要用前后对比的方法，重点突出分析工具和理论模型的演进。通过对比，可以看出各种方法的优缺点，也可以清楚地把握各种方法和理论的前后继承关系。

总体而言，中国学术界对经济周期的研究，其分析方法、研究重点的转变都体现了对经济周期理解的转变。在经济周期测度方面，从用经济变量的增长率变动描述经济周期，过渡到用计量工具对时间序列进行分解以及用对趋势的偏离来准确地刻画经济周期。在测度重点方面，从对周期的简单描述、研究，过渡到运用计量工具分析经济周期的典型化事实。在经济周期原因分析方面，从静态的比较分析，过渡到运用DSGE模型准确地分析。近年来，学术界对经济周期波动的福利效应进行了广泛研究，通过度量经济周期波动的福利效应来支持中国宏观政策的制定与实施。

2.2.3 中国投资与经济周期波动研究综述

自凯恩斯确立了投资在其理论框架中的支配性地位以来，投资在经

① 陈彦斌，周业安. 中国商业周期的福利成本 [J]. 世界经济，2006 (2)：11–19.
② LUCAS R. Macroeconomic priorities [J]. American Economic Review, 2003, 93 (1): 1–14. 陈太明. 中国经济周期的福利成本 [J]. 数量经济技术经济研究，2007 (1)：22–30.
③ 张超. 我国经济波动福利损失的经验估计 [J]. 经济学动态，2010 (8)：30–33.

济周期波动中的重要作用一直受到广泛关注。[①] 投资需求被视为总需求的重要组成部分，投资波动构成了总需求变动的重要组成部分。虽然在成熟的市场经济中，投资需求的主要部分被看作是产品市场需求的派生需求，投资对经济周期波动的影响也往往被看作是其他初始因素作用的一个中间环节，但最近的一些研究发现，投资在经济周期波动中不仅仅影响冲击传导，投资冲击本身也形成了一个主要的波动源。[②] 与此同时，投资波动与经济增长之间的关联性也吸引了大量学者的研究兴趣。投资波动一方面可能引起资源的无效配置，从而损害经济增长，另一方面也可能加剧经济波动，从而通过预防性储蓄渠道提高经济增长率。[③] 国内学者对中国经济周期的特征及成因进行了跟踪研究，其中很多研究探讨了投资与经济周期波动的关系。

中国关于投资与经济波动之间关系的早期研究主要集中于定性研究和简单的相关性分析或回归分析之上。刘树成分析了当年投资对当年经济波动的影响、前期投资对当年经济波动的影响，结论认为，投资周期波动是影响经济周期波动的一个直接主导因素。[④] 卢建对固定资产投资增长与经济增长之间做了线性回归分析，认为两者之间具有显著的正相关关系，投资的周期波动必然导致整个国民经济的周期波动。[⑤] 李新安通过观察投资波动的波形与社会总产值增长率的波形，发现两者有着高度的一致性和正相关性，认为投资波动是中国经济波动的直接原因，这种原因受资源制约下的投资扩张、投资的同步性与同质性、投资效益过低等方面影响。[⑥]

陈乐一认为，新中国成立以来历次经济波动的物质技术基础是投资

---

① KEYNES, J M. The general theory of employment interest and money (1936) [M]. Montana: Kessinger Publishing, 2010.

② FISHER, J. The dynamic effects of neutral and investment-specific shocks [J]. Journal of Political Economy, 2006 (114): 413-451. JUSTINIANO A, PRIMICERI G TAMBALOTTI, A., investment shocks and business Cycles [J]. Journal of Monetary Economics, 2009 (57): 132-145.

③ MIRMAN, L. Uncertainty and optimal consumption decisions [J]. Econometrica, 1971 (39): 179-185. BERTOLA G CABALLERO R J. Irreversibility and aggregate investment [J]. The Review of Economic Studies, 1994 (61): 223-246.

④ 刘树成. 投资周期波动对经济周期波动的影响——对我国固定资产投资周期性的探讨之四 [J]. 数量经济技术经济研究, 1987 (6): 26-33.

⑤ 卢建. 我国经济周期的特点: 原因及发生机制分析 [J]. 经济研究, 1987 (5): 48-55.

⑥ 李新安. 我国经济周期的特征与成因分析 [J]. 经济经纬, 1999 (3): 29-33.

波动，投资的扩张和压缩导致经济扩张和收缩的交替出现。① 郭庆旺和贾俊雪的研究表明，投资波动冲击和全要素生产率波动冲击，对于解释中国1978—2002年宏观经济波动的成因是非常重要的。② 雷辉指出，在中国目前的经济条件下，投资乘数和加速原理作用同时存在。当中国处于投资膨胀阶段时，若固定资产投资超过经济系统的承受能力，则会阻碍经济增长，在加速数原理机制下，投资会大幅下降。而当投资品与消费品价格下降到一定程度时，投资和消费需求又会重新启动，固定资产投资规模又经历新一轮的膨胀期。因此，在投资乘数和加速原理共同作用下，中国固定资产投资和经济增长呈现周期波动特征。③ 李运达和刘鑫宏则指出，随着中国参与国际市场分工程度的加深，外部需求冲击与国内经济波动的关联已非净出口所能涵盖，投资已成为净出口之外传导外部需求冲击的重要路径。金融危机以来中国的经济发展现状说明，外部需求与本国经济周期负面因素相互叠加，从而对本国经济波动产生放大影响。④

当考察投资与经济周期两个时间序列之间的关系时，用简单的回归方法非常容易造成伪回归。因此，为了更准确地表达两者之间的关系，需要用计量模型处理和检验数据的性质。刘金全估计了二元VAR模型，用Granger因果关系检验分析了1992—2001年间投资率与增长率之间的相互作用，认为投资波动性具有经济增长率的减损效应，因而最优投资路径应该具有适度的光滑性；目前中国投资增长率和投资率与经济增长之间具有方向不同的相关性，投资需求波动的平稳性是经济波动稳定性的主要原因。⑤ 陈朝旭等利用向量自回归模型中的Granger因果关系检验和脉冲响应函数，实证分析了中国自1992—2004年间的固定资产投资规模与GDP之间的关系，发现中国快速的经济增长直接导致了投资率的增加，存在实际产出对于投资需求的反向影响，但资本形成对经济

① 陈乐一. 建国以来我国历次经济波动回眸 [J]. 管理世界，2007 (12): 148-149.
② 郭庆旺，贾俊雪. 中国经济波动的解释：投资冲击与全要素生产率冲击 [J]. 管理世界，2004 (7): 22-28.
③ 雷辉. 改革以来中国投资波动与经济波动的相关性分析 [J]. 经济问题探索，2009 (8): 132-136.
④ 李运达，刘鑫宏. 外部需求冲击与中国投资波动——基于"冲击—传导"关联的实证分析 [J]. 财贸研究，2009 (4): 85-90.
⑤ 刘金全. 投资波动性与经济周期之间的关联性分析 [J]. 中国软科学，2003 (4): 30-35.

增长却不具有显著的促进作用，固定资产投资具有典型的短期性和粗放性特征。[①] 王津港建立脉冲响应函数，考察了固定资产增长率和投资率本身的波动对 GDP 增长率的影响，结论认为，固定投资增长率与 GDP 增长率的水平值之间存在相互影响；中国投资波动确实对经济造成了不稳定的影响，是经济周期的主要诱因之一，而经济波动并没有明显地影响投资波动；固定投资政策短期内对经济的调控作用有限，这是受投资的时间积累性质所限。[②]

由于通常考察的投资增长序列和经济增长序列往往是非平稳序列，当用时间序列建立线性回归模型时，很难满足标准假定，在进行经典回归分析时很容易造成虚假回归。但是，如果非平稳序列的线性组合是平稳序列，就可讨论其协整关系。协整关系可以解释为变量之间的长期稳定的均衡关系。苗敬毅应用单整 PP 检验和协整 EG 检验，分析了1990—2003 年间中国固定资产投资与经济增长间的长期均衡关系，建立了反映中国固定资产投资对经济增长动态影响机制的传递函数模型。结论认为，固定资产投资波动对产值波动的影响是显著的，其影响模式是动态的。[③] 刘红伶对中国固定资产投资与国民经济之间的关系进行了协整分析，并建立误差修正模型来分析固定资产投资对国民经济增长的贡献水平。通过引入一个"效率系数"，对比不同时期固定资产投资对 GDP 的拉动作用。结论认为，固定资产投资是中国经济增长的一个主要拉动因素；若当年的固定资产投资增加 1 个百分点，国内生产总值将增加 0.22 个百分点。[④]《当前我国经济周期阶段研究》课题组根据协整检验和误差修正模型，利用中国 1979—2003 年的数据，分析了中国经济波动与投资之间长期稳定的动态均衡关系和短期的波动关系，认为投资是影响中国经济波动的主要力量。[⑤]

① 陈朝旭，张文，张宇飞. 我国固定资产投资规模与宏观经济关系的实证分析 [J]. 工业技术经济，2005（6）：130-132.
② 王津港. 固定投资波动对中国经济的影响——格兰杰因果检验及冲击分析 [J]. 云南财贸大学学报，2005（6）：56-58.
③ 苗敬毅. 中国固定资产投资与经济增长的传递函数模型 [J]. 生产力研究，2006（4）：12-13.
④ 刘红伶. 中国固定资产投资与经济增长关系的实证分析 [J]. 淮南师范学院，2009（2）：48-50.
⑤《当前我国经济周期阶段研究》课题组. 改革以来我国经济波动于消费、投资及进出口关系的协整分析 [J]. 财经理论与实践（双月刊），2006（3）：38-42.

　　还有一些研究更细致考察了投资与经济周期波动之间的复杂联系。① 这些研究发现：中国经济周期的非对称性主要是由固定资产投资、财政政策和货币政策的非对称性造成的，而价格水平和总需求等因素却保持了比较明显的稳定性；中国投资增长率和投资率与经济增长的趋势水平之间具有方向不同的相关性，投资需求波动的平稳性是经济波动稳定性的主要原因，由于固定资产投资当中基础设施等低产出投资比重过大，导致投资率形成较弱的产出驱动能力；中国固定资产投资具有显著的"时间累积效应"，固定资产投资与经济增长之间存在正向非对称性关联，且固定资产投资对经济增长产生了正向的"溢出效应"，而经济扩张并未对投资产生显著的"牵拉效应"；20 世纪 80 年代全社会固定资产投资主要由国有资产投资决定时，投资-经济增长周期两者走势高度一致，但 90 年代全社会固定资产投资由国有投资和非国有投资共同决定时，全社会固定资产投资的增长周期比名义国内生产总值的增长周期提前 1 年；20 世纪 90 年代之后，中国金融体系对投资效率和储蓄转化效率的改善极其有限，投资效率低下，进而全要素生产率不高是影响宏观经济波动的重要因素；政府投资对经济波动的影响在前期具有有效性，但随着时间的推移其作用呈不断减弱趋势，经济波动更多地来源于自身冲击，政府投资激励贡献度偏低且不稳定。分产业分析发现，政府投资冲击引起的第一产业和第二产业经济波动效应非常微弱，而对第三产业经济波动的影响强劲，并且表现出较长时期的持续性。政府投资政策对经济发展的激励作用是有限的，对第一产业和第二产业不能起到有效激励作用。

　　当然，从根本上来看，中国转轨经济固有的一些体制约束也强化了投资在经济周期波动中的作用。② 首先，在中国现行财政分权体制下，

　　① 刘金全，范剑青. 中国经济周期的非对称性和相关性研究 [J]. 经济研究，2001 (5)：28-37. 刘金全. 投资波动性与经济周期之间的关联性分析 [J]. 中国软科学，2003 (4)：30-35. 沈坤荣，孙文杰. 投资效率、资本形成与宏观经济波动——基于金融发展视角的实证研究 [J]. 中国社会科学，2004 (6)：52-63. 刘金全，刘志刚. 我国经济周期波动中实际产出波动性的动态模式与成因分析 [J]. 经济研究，2005 (3)：26-35. 胡春. 我国固定资产投资与经济增长周期关系的实证分析 [J]. 北京邮电大学学报（社会科学版），2001 (3)：1-35. 刘金全，印重. 我国固定资产投资与经济增长的关联性研究 [J]. 社会科学辑刊，2012 (1)：131-134. 卢洪友，卢胜峰，陈思霞. 政府投资与经济周期波动实证研究——兼论三次产业的政府投资效应 [J]. 山东经济，2010 (1)：11-18.
　　② 唐志军，刘友金，谌莹. 地方政府竞争、投资冲动和我国宏观经济波动研究 [J]. 当代财经，2011 (8)：8-18.

各地方政府拥有自身的本位利益，相互之间展开竞争，结果导致各地方政府加大投资力度。加之一直以来实行的以 GDP 为中心的考核体系正好满足了以上逻辑的需要，投资冲动由此产生。从监管角度来看，中央政府往往难以对地方政府实行有效监管，结果使得中央政府不得不频繁采用总需求管理政策来调控地方政府的投资冲动，从而使得中国固定资产投资在地方政府投资冲动与中央政府宏观调控的博弈中呈现周期性特征。其次，在中国的投资波动中，投资增长往往伴随着信贷扩张。就目前中国金融体系而言，绝大多数金融资源掌握在国有商业银行手中。国有银行普遍面临的所有者"缺位"现象，使得银行贷款对企业（尤其是国有企业）缺乏足够的信贷约束，导致企业普遍存在投资冲动并引起信贷扩张。一旦出现投资过热征兆，中央政府就会直接控制商业银行的信贷发放，导致固定资产投资出现波动。

综上所述，中国学者关于投资与经济周期之间的研究主要集中在分析两者之间的关系上。利用不同的计量工具和方法，分析投资与经济周期之间的因果关系、协整关系等，对于两者之间关系的刻画也越来越准确。但是，绝大多数文献只是考察投资规模与经济周期的关系，并没有对投资来源和投资结构进行细分。只有少数学者进行过讨论。例如，胡春认为，国有固定资产投资与非国有固定资产投资对经济波动的影响并不相同；[①] 卢洪友等认为，政府固定资产投资对第一、第二、第三产业产生的波动不同。[②] 只有对投资进行细化的分析，才能最大化投资效率，而单纯考虑投资规模对经济的影响是片面的。

从中国经济运行的现状来看，中国正处于调整经济结构和产业结构、转变经济增长方式的关键阶段。从长期来看，投资的结构和规模决定了产业的结构和经济结构，投资效率决定了经济增长的质量。因此，对投资规模、结构、资金来源等方面进行深入研究，对提高投资效率和转变经济增长方式显然具有重要的意义。

---

① 胡春. 我国固定资产投资与经济增长周期关系的实证分析［J］. 北京邮电大学学报（社会科学版），2001（3）：1–35.
② 卢洪友，卢胜峰，陈思霞. 政府投资与经济周期波动实证研究——兼论三次产业的政府投资效应［J］. 山东经济，2010（1）：11–18.

2.3 投资规模与投资效率研究综述

2.3.1 投资规模与投资率研究综述

投资规模是指在一定时期内一个国家或者一个区域、部门、单位为形成固定资产或者流动资产而以货币形态表现的劳动和活劳动的总量，通常用投资率和投资增长率两项指标来衡量。[①]

关于投资规模的研究，20 世纪 50 年代以前一直是经济学界研究的重点。早在 1989 年，刘慧勇就在其《投资规模论》一书中运用了大量的事实数据与图表，对中国经济与投资规模的周期性波动现象及特征进行了分析与论证。[②] 黄正新在对刘慧勇的"投资除数论"、投资与经济周期关系提出质疑的基础上，给出了其对经济与投资周期性波动的认识。[③] 1992 年，张合金从宏观调节中的地位、目标、对象及方法角度对投资规模的调节进行了阐述，并且通过实证分析提出了调节规模的财政政策和货币政策。[④] 孙先定和黄小原通过期权理论建立了产业投资决策的期权模型，开创了从新的角度确定投资规模及其优化的理论探讨。[⑤]

影响投资规模的因素包括投资需求和投资供给。[⑥] 从投资需求的角度看，投资是经济增长的动力，政府为了实现经济的持续稳定增长，创造更多的就业机会等宏观经济目标，必须保持足够的投资规模来刺激经济。从投资供给角度看，投资的规模，即投入的人力、物力及财力在一

---

① 孙永红. 1979—1988 年我国投资总量态势的实证研究 [J]. 经济研究，1990 (4)：17-26. 乔为国，潘必胜. 我国经济增长中合理投资率的确定 [J]. 中国软科学，2005 (7)：77-81. 丘健明，陈俊芳. 固定资产投资率的合理区间模型 [J]. 同济大学学报，2006 (7)：990-994.
② 刘慧勇. 投资规模论 [M]. 北京：中国财政经济出版社，1989：72-73.
③ 黄正新. 试论投资与国民经济周期性波动的成因及其对策——兼与刘慧勇同志商榷 [J]. 江西社会科学，1991 (5)：22-36.
④ 张合金. 论我国当前增加农业投资的途径 [J]. 中央财政金融学院学报，1992 (3)：87-89.
⑤ 孙先定，黄小原. 产业投资规模基于期权观点的优化 [J]. 预测，2002 (1)：33-36.
⑥ 张仲敏，任淮秀. 投资经济学 [M]. 北京：中国人民大学出版社，1995. 刘万东. 投资学概论 [M]. 上海：上海财经大学出版社，1998. 张合金. 投资规模调节论 [M]. 北京：中国财政经济出版社，2000.

定的时期内能够实现多大的规模，从根本上取决于这些资源供给能力的约束。如果投资规模超过了供给实际的承受能力，必然会使各种正常的比例关系遭到破坏，阻碍经济的发展。例如，投资规模过大可能造成当前消费削弱、物价飞涨、通胀压力增大，而且使国民经济的资源约束加剧，因而都将不利于提高社会的经济效益。

很多文献对合理投资规模进行了研究，这既有利于避免投资膨胀对国民经济的危害，也有利于避免投资不足对国民经济的危害。[①] 在既定的经济环境下，客观来说存在一个最优的投资规模，政府决策都试图使实际的投资规模接近或达到最优，但是受资源和管理水平等一系列因素的制约，实际投资规模很难与最优投资规模相吻合。[②] 在绝大多数情况下，实际的投资规模都会不同程度地偏离最优，这就需要研究这种偏离的程度，即研究实际投资规模偏离最优，在多大程度上是国民经济运行能够承受的，或者在多大程度上是不能接受的。通常，学术界把经济运行所能够承受的投资规模称为合理投资规模。这种投资规模不是某一个具体的数值，而是一个围绕最优投资规模上下波动的具有上限和下限的区间。投资规模与经济增长具有相互制约和相互影响的关系。[③] 因此，确定合理投资规模区间无疑有利于经济的健康稳定发展。

在已有研究中，一些学者根据国内和国外历史数据和经验来定性分析中国合理投资规模，[④] 但这些方法都是基于经验的判断，具有一定的不合理性。也有一些学者通过数学模型从定量分析的角度确定了中国合理的投资规模，得到的结论也不一致。史正富指出，研究经济增长的核心就是研究投资率的选择，他利用卡莱茨基的增长模型通过数据分析确定了投资率的可行性区间。[⑤] 吴忠群利用有关的数据统计，确定了中国合理的投资区间为35%～38%。[⑥] 丘健明和陈俊芳利用灰色理论测算出

① 刘春梅. 关于合理投资率的探讨 [J]. 经济师，2005 (1)：72.
② 张合金. 投资规模调节论 [M]. 北京：中国财政经济出版社，2000.
③ LI X, LI Z, CHAN M. Demographic change, savings, investment, and economic growth: a case from China [J]. Chinese Economy, 2012, vol. 45, no. 2：5-20.
④ 薛暮桥. 国家建设和人民生活的统筹安排 [J]. 学习，1958 (11)：12. 汪海波. 中国积累和消费问题研究 [M]. 广州：广东人民出版社，1986. 吴忠群. 中国经济增长中消费和投资的确定 [J]. 中国社会科学，2002 (3)：49-62.
⑤ 史正富. 社会主义经济中的投资膨胀与治理 [J]. 经济研究，1985 (5)：39-46.
⑥ 吴忠群. 中国经济增长中消费和投资的确定 [J]. 中国社会科学，2002 (3)：49-62.

了投资率的下限，运用投资效益指标得出了合理的投资率上限。[①] 孙焱林通过"名义经济增长率＝投资乘数×投资率×投资增长率"的公式来确定合理投资规模为40.8%。[②] 乔为国和潘必胜基于实现充分就业的目标来确定合理投资率为18%～25%。[③]

2.3.2 投资率与投资效率研究综述

围绕投资率与投资效率之间的关系，国内外学者较早就有研究。多数研究一般用边际资本产出比率（ICOR）来衡量投资效率。[④] Kaldor 利用西方七国数据的研究表明，ICOR 与经济增长之间存在着很强的正相关性，高 ICOR 往往伴随着高投资率和较好的经济增长效益。[⑤] Gianaris 研究发现，ICOR 值的大小与一国所处的发展阶段和产业结构之间存在密切的关系。其中，交通、电力等资本密集产业的 ICOR 值一般均高于其他产业的 ICOR 值，而发达国家的 ICOR 值一般高于发展中国家的 ICOR 值。[⑥] Blades、Easterly 和 Fischer 等研究发现，发达国家的投资率高于发展中国家，经济增长率高的国家的投资率增长也高于经济增长率低的国家。[⑦] Radelet 和 Sachs 通过研究东南亚国家的投资效率得出，当一个国家处于快速资本深化、产业结构升级或基础设施大量投入的时期，会出现 ICOR 指标迅速提高的情况，但不能简单地认为一国或地区的 ICOR 值上升就说明该国家或地区投资效率恶化。[⑧]

对于中国的投资率与投资效率，很多学者运用不同的方法进行了研究。Zhang 对 1979—2000 年中国 ICOR 和投资率进行指数平减得到的实

---

① 丘健明，陈俊芳. 固定资产投资率的合理区间模型 [J]. 同济大学学报，2006（7）：990-994.

② 孙焱林. 合理投资率的实证分析 [J]. 统计研究，2000（8）：16-23.

③ 乔为国，潘必胜. 我国经济增长中合理投资率的确定 [J]. 中国软科学，2005（7）：77-81.

④ 边际资本产出比率（ICOR）指投资额与当期 GDP 增长额的比值，还可以称为增量资本产出比率或资本的边际效率。

⑤ KALDOR, N. Capital accumulation and economic growth [A]. in F. Lutz, ed. The Theory of Capital [C]. London: Macmillan.

⑥ GIANARIS N V. International differences in capital—output ratios [J]. American Economic Review, 1970, 60（3）：465-477.

⑦ BLADES, D W. Comparing capital stocks [A] "A. B. VAN ARK and D. PILAT, eds., explaining economic growth—essays in honor of angus maddison [C]. elsevier science publishers, 1993. EASTERLY, W. and S. FISCHER. The soviet economic decline: historical and republican data [R]. NBER working paper, 1994, No. 4735.

⑧ S. and J. D. The east asian financial crisis: diagnosis, remedies, prospects [J]. brookings papers on economic activity, 1998（1）：1-90.

际 ICOR 和实际投资率，结果发现两个指标基本稳定，没有显著的上升趋势，因此认为中国的宏观投资效率是基本稳定的。[①] 史永东和齐鹰飞、袁志刚和何樟勇等利用动态效率模型研究表明，中国的投资效率并不高。[②] 丁雪松和韩锐研究得出，中国 ICOR 与投资率呈正相关关系，认为投资效率偏低，但短期内继续以较高投资率拉动经济增长仍可行。[③] 李同宁通过与东南亚等国家对比得出，伴随着投资率的过度上升，中国宏观投资效率在降低，金融风险在增加。[④] 李稻葵等将投资率分成境内投资率和国民投资率，从福利经济学角度研究了中国投资率是否过高的问题，最终发现，如果适当地降低国民投资率，同时改善投资效率，中国经济的 GDP 增长率并不会大幅下降。[⑤] 张羲等分析了重庆市的投资率与投资效率，认为重庆市的 ICOR 与投资率呈正相关的关系，从而认为投资率的提升使得投资效率下降。[⑥]

————————

[①] ZHANG, J. Investment, investment efficiency, and economic growth in china [J]. journal of asian economics, 2003, 14 (5): 713-734.

[②] 史永东，齐鹰飞. 中国经济的动态效率 [J]. 世界经济, 2002 (8): 65-70.
袁志刚，何樟勇. 20 世纪 90 年代以来中国经济的动态效率 [J]. 经济研究, 2003 (7): 18-26.

[③] 丁雪松，韩锐. 投资效率和投资率关系的实证研究 [J]. 现代商贸工业, 2007 (10): 81-82.

[④] 李同宁. 中国投资率与投资效率的国际比较及启示 [J]. 亚太经济, 2008 (2): 42-45.

[⑤] 李稻葵，徐欣，江红平. 中国经济国民投资率的福利经济学分析 [J]. 经济研究, 2012 (9): 46-56.

[⑥] 张羲，张勇进，刘啟君. 重庆市直辖以来投资效率与投资率关系的实证研究 [J]. 江苏科技大学学报, 2012 (1): 70-75.

第3章 中国投资率演变历程与国际比较

3.1 中国投资率的演变历程

投资是经济行为主体为了获取预期的不确定收益而将一定量的货币或其他经济资源转化为资本的经济活动，实际上，投资就是资本形成——获得或创造用于生产的资源。[①] 本章采用固定资本形成率来衡量固定资产投资率，以此考察改革开放以来中国投资率的演变历程。[②]

3.1.1 中国投资率变化的总体趋势

改革开放以来，中国固定资产投资率虽然有所波动，但一直保持在 30% 左右，近年来已超过 40%，如图 3-1 所示。1978—2011 年，中国固定资产投资率均值为 34.15%，投资率总体较高且呈现继续上

[①] 刘正山. 新编固定资产投资学 [M]. 大连：东北财经大学出版社，2005.
[②] 固定资本形成率=固定资本形成总额/支出法 GDP。按照统计局统计方法，从固定资产投资数据中减去土地使用权、旧机器设备和旧房屋的购置价值，再加上未纳入固定投资报表统计范围的项目价值，得到固定资本形成额。因此，固定资本形成率要比固定资产投资率更为科学地反映中国可再生资本的变化情况。

升的趋势。固定资产投资率由 1978 年的 29.5% 上升到 2011 年的 45.6%，上涨了 16.1 个百分点。其中，1991—1993 年、2001—2004 年和 2007—2010 年是三个快速上升阶段，分别从 1989 年的 27.87% 上升到 1993 年的 35.92%，上涨 8.05 个百分点；从 2001 年的 34.43% 上升到 2004 年的 40.73%，上涨了 6.3 个百分点，从 2007 年的 39.11% 上升到 2010 年的 45.73%，上涨了 6.62 个百分点，这三个阶段的平均投资率分别为 30.75%、37.70% 和 44.16%。纵观改革开放以来投资率的变动趋势图，大致可以把这一时期的投资率变动分为四个阶段：1978—1987 年为第一阶段；1988—1993 年为第二阶段；1994—2004 年为第三阶段；2004—2011 年为第四阶段。在这几个阶段投资率都呈现出先降后升的特征，这与这几个阶段经济形势的变化有很大关系。

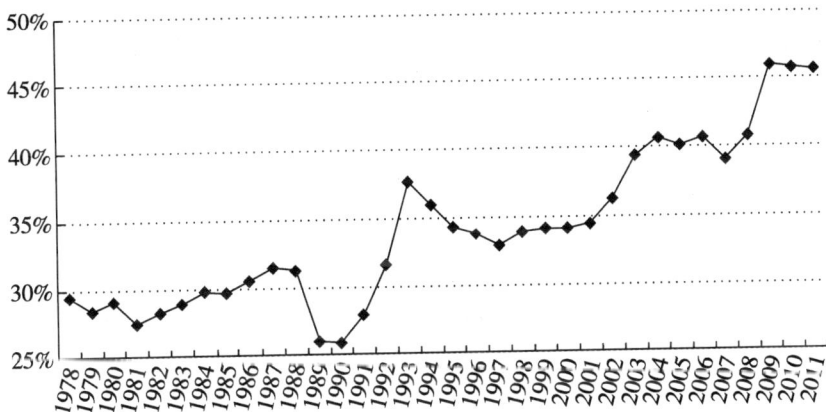

图 3-1　改革开放以来中国投资率的变动趋势

数据来源：中经网统计数据库。

（1）1978—1987 年改革开放初期投资率变动分析

1978—1987 年，中国投资率在 30% 左右波动，先降后升，1978—1981 年为下降段，1981 年达到波谷值 27.37%，1982—1987 年为上升段，见表 3-1。1978—1987 年，中国的平均投资率为 29.74%，这一阶段投资率整体波动不大，但相较新中国成立之初有了明显的增长。

表 3-1　　　　　　　　1978—1987 年中国的投资率　　　　　　　　单位：亿元

年份	1978	1979	1980	1981	1982	1983	1984	1985	1986	1987
固定资本形成额	1 074	1 153	1 322	1 339	1 503	1 723	2 174	2 672	3 140	3 799
支出法 GDP 值	3 645	4 063	4 546	4 892	5 323	5 963	7 208	9 016	10 275	12 059
投资率（%）	29.47	28.38	29.08	27.37	28.24	28.89	29.79	29.64	30.56	31.50

数据来源：中经网统计数据库。

　　居民的消费和储蓄的变化可以影响投资主体对市场的预期和投资资金的来源，进而影响投资率的变化。1979 年 4 月，中央工作会议调高粮棉油收购价格，增加国家对农业的投资和信贷支持。[①] 这个政策一方面促使农业投资增加，粮食增产，另一方面上涨的价格在短期内使得居民对农产品的购买减少、库存积压，这使得 1980—1981 年投资率有一个较为明显的下降。棉粮油价格提高后，在一段时间内基本保持不变，这使得居民消费率上涨，投资品价格上升，名义投资率上涨。同时，经济的快速发展使居民对消费品的需求旺盛，鼓励投资者加大投资力度，这促使了 1982—1987 年投资率有了缓慢回升，由 1982 年的 28.84% 上升到 1987 年的 31.50%。

　　（2）1988—1993 年市场经济过渡期投资率变动分析

　　1988—1990 年，投资率有了一个急速的下滑，由 1988 年的 31.26% 下滑到 1990 年的 25.86%，降低了 5.4 个百分点，在 1990 年形成了一个波谷值，此后又急剧上升，见表 3-2。这一时期的投资率变动幅度较大，与这一时期的政治、经济形势有很大关联。

表 3-2　　　　　　　　1988—1993 年中国的投资率　　　　　　　　单位：亿元

年份	1988	1989	1990	1991	1992	1993
固定资本形成额	4 702	4 419	4 828	6 070	8 514	13 309
支出法 GDP	15 043	16 992	18 668	21 781	26 923	35 334
投资率（%）	31.26	26.01	25.86	27.87	31.62	37.67

数据来源：中经网统计数据库。

----

① 韦群跃，胡矿. 改革开放以来我国经济宏观调控述评 [J]. 经济问题探索，2010（8）：25-30.

1988—1993 年是中国从计划经济向市场经济的重要转折期。1978—1988 年，中国投资率保持一个较高的数值，投资过热，消费品消费价格指数大幅上升，1978—1989 年的年均居民消费价格指数约为 6.6%，以致在 1988—1989 年发生了新中国成立以来最为严重的通货膨胀，消费者价格和生产者价格全面上涨。1988 年 9 月，央行提高了存款利率，以压缩投资规模、抑制通货膨胀。接着 1989 年，有关形势使投资者市场预期下降，固定资产投资率比 1988 年急速下降了 5.2 个百分点。

在 1989 年 11 月的十三届五中全会后，党中央把一度被延误的治理整顿工作重新提上日程。这一阶段治理整顿大体分两步进行：第一步是在调整结构的同时，以启动市场，争取经济适度发展为重点；第二步是将治理整顿、深化改革的重点逐步转到调整产业结构、提高经济效益上来。根据这一部署，国务院从 1990 年底开始，陆续采取了一系列促进企业提高效益和搞活国有大中型企业的措施，投资率快速上升，到 1993 年已达到 37.67%，从而形成了 1991—1993 年的上升阶段。[①]

（3）1994—2004 年经济快速发展期投资率变动分析

在这一阶段，固定资产投资率于 1994—1997 年出现了下滑，由 1994 年的 35.92% 下降到 1997 年的 32.88%，降低了 3.04 个百分点，见表 3-3。1992—1993 年国家经济过热，这两年的 GDP 增长率分别为 14.1% 和 13.7%，消费者价格指数在 1993 年和 1994 年分别达到了 14.7% 和 24.1%，引发恶性通货膨胀。1994—1997 年，国家实施紧缩的财政政策和货币政策，财政政策方面结合分税制改革强化了增值税、消费税的调控作用，合理压缩财政支出，并通过发行国债引导社会资金流向；货币政策方面，严格控制信贷规模，大幅提高存贷款利率，最终顺利实现了软着陆，作为拉动经济的固定资产投资率也回落到 1997 年的 32.88%。

---

① 韦群跃，胡矿. 改革开放以来我国经济宏观调控述评 [J]. 经济问题探索，2010（8）：25-30.

表3-3 　　　　　　　　1994—2004 年中国的投资率 　　　　　　单位：亿元

年份	1994	1995	1996	1997	1998	1999	2000	2001	2002	2003	2004
固定资本形成额	17 313	20 885	24 048	25 965	28 569	30 527	33 844	37 755	43 632	53 491	65 118
支出法 GDP	48 198	60 794	71 177	78 973	84 402	89 677	99 215	109 655	120 333	135 823	159 878
投资率（%）	35.92	34.35	33.79	32.88	33.85	34.04	34.11	34.43	36.29	39.38	40.73

数据来源：中经网统计数据库。

1997 年爆发了东南亚金融危机，对中国的外贸出口造成了很大的影响，进而影响中国的国民经济。同年，中国爆发了特大洪灾，给经济造成巨大的损失。为扩大内需，1998 年起，国家宏观经济调控政策开始实行积极的财政政策和稳健的货币政策。财政政策方面，大力发行国债，大规模增加基础设施建设，增加政府采购规模，提高职工工资，扩大财政转移支付等；货币政策方面，取消贷款限额控制，降低法定存款准备金率，下调存贷款利率。一系列宽松的宏观经济政策使固定资产投资额由 1997 年的 25 965 亿元上升到 2004 年的 65 118 亿元，投资率也由 1997 年的 32.88% 上升到 2004 年的 40.73%。

（4）2005—2011 年经济稳定增长期投资率变动分析

在这一阶段，中国的投资率于 2005—2007 年波动不大，在 2007 年有一个小幅的下降，2008—2011 年又快速上升，2011 年达到了 45.63%，较 2007 年上涨了 6.52 个百分点，见表3-4。2008 年，为应对全球金融危机，国家增加了 4 万亿元基础设施投资；同时，城镇化提速，城镇住房需求增大，房地产投资快速增长，这两个因素促使 2008—2011 年投资率升高。2012 年，中国固定资产投资总额为 374 676 亿元，较 2011 年上涨了 20.29%。

表3-4 　　　　　　　　2005—2011 年中国的投资率 　　　　　　单位：亿元

年份	2005	2006	2007	2008	2009	2010	2011
固定资本形成额	74 233	87 954	103 949	128 084	156 680	183 615	215 197
支出法 GDP	184 937	216 314	265 810	314 045	340 903	401 513	471 564
投资率（%）	40.14	40.66	39.11	40.79	45.96	45.73	45.63

数据来源：中经网统计数据库。

从中国投资率的总体发展趋势来看，目前中国正处于第四个波动的上升阶段末端。2012年开始，中国经济增长速度下滑，当年GDP增速为7.8%，较2011年的9.2%下滑1.4个百分点，且2013年有继续下滑的趋势，预计2013年将是投资率下降的又一个拐点，接下来可能会出现4~5年的投资率下滑期。

3.1.2 中国投资率变化趋势：产业结构角度

投资结构与产业结构存在着相互影响、相互制约的关系。长期来看，投资结构决定产业结构的形成和变化，一定的产业结构也是历年的投资结构所形成的，是投资在不同产业部门分配的结果。改变不同产业部门的投资比例可以改变资本存量结构，从而调整产业结构。因此，改革开放以来，国家通过制定一些经济政策来引导投资在不同产业的分配。图3-2为中国改革开放以来三大产业的固定资产投资占总投资额比重的变化。

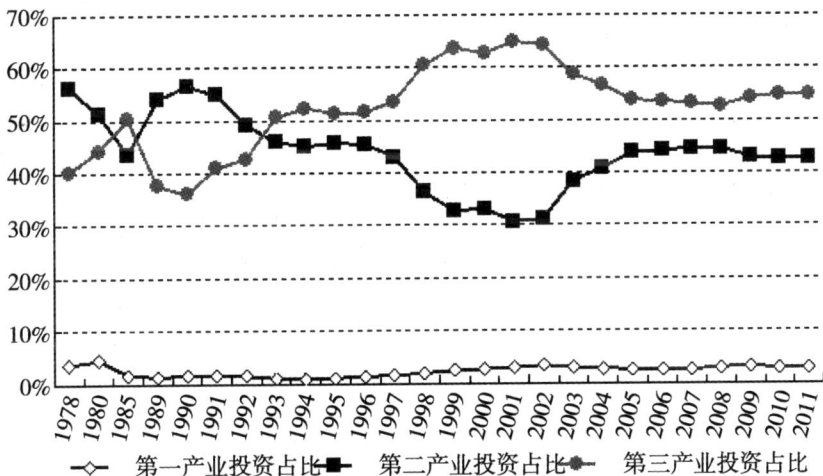

图3-2 改革开放以来三大产业固定资产投资占比变化

数据来源：中经网统计数据库。

1978—2011年，中国投资率整体处于不断上升的阶段，但三大产业的投资占比却波动幅度较大。第一产业投资占比一直处于较低的水平，第二产业和第三产业占比波动起伏较大，波动方向一般呈互逆关

系。1978—2011 年，固定资产投资份额中第一产业的平均占比为
2.29%，第二产业为 43.79%，第三产业为 52.23%。改革开放以来，
中国对产业发展的策略是确保农业的基础地位，以第二产业为主体，加
快发展第三产业。

（1）第一产业投资率及对 GDP 的贡献较低

改革开放后，中国第一产业固定资产投资占总固定资产投资比重偏
低，基本保持在 3% 以下，见表 3-5。1985 年之前，第一产业投资率比
较高，但 1985—1995 年第一产业的投资有下降趋势，1996—2011 年有
些回升，由 1995 年的 1.03% 上升到 2011 年的 2.81%，上升 1.78 个百
分点。在对 GDP 的贡献率上，除了 1989 年、1990 年对 GDP 贡献率较
高之外，第一产业对 GDP 的贡献率基本保持在 10% 以下。

表 3-5　　　　第一产业的投资占比及对 GDP 的贡献率

年份	投资占比（%）	对 GDP 贡献率（%）	年份	投资占比（%）	对 GDP 贡献率（%）
1978	3.58	10.0	1999	2.40	6.0
1980	4.47	4.9	2000	2.69	4.4
1985	1.67	4.1	2001	2.93	5.1
1989	1.30	16.7	2002	3.33	4.6
1990	1.56	41.7	2003	2.97	3.4
1991	1.58	7.1	2004	2.68	7.9
1992	1.44	8.4	2005	2.62	5.6
1993	1.00	7.9	2006	2.50	4.8
1994	0.88	6.6	2007	2.48	3.0
1995	1.03	9.1	2008	2.93	5.7
1996	1.29	9.6	2009	3.07	4.5
1997	1.55	6.8	2010	2.85	3.8
1998	1.89	7.6	2011	2.81	4.6

数据来源：中经网统计数据库。

改革开放后，随着农村家庭联产承包责任制的实施，中国农业中的
劳动力得到解放，第一产业发展迅速。同时，在 1978—1981 年，中国
提高了棉粮油的收购价格，这对第一产业的投资也产生刺激作用。因
此，在 1978—1985 年这段时期，中国农业的投资占比相对较高，1978
年为 3.58%，1980 年达到 4.47%。1985 年后，在党中央"调整、改
革、整顿、提高"八字方针的指导下，大力发展轻工业，扶持农业，

第一产业的投资比重开始逐步下滑，到 1995 年已经下滑至 1.03%。在 1997—2003 年，第一产业对 GDP 的贡献率也出现了一定程度的下降，下滑至 5% 左右。[①]

（2）第二产业投资率及对 GDP 的贡献处于主导地位

改革开放以来，国家修正了以阶级斗争为纲的错误思想路线，将工作重点转移到经济建设上来，重点是大力发展工业。20 世纪 80 年代到 90 年代初期，中国固定资产投资重点集中在第二产业，主要是工业领域。第二产业的固定资产投资所占比例一直处于 50% 以上，对 GDP 的贡献率也保持在一个较高的水平，占全部 GDP 的比重超过其他两个产业之和。90 年代中期开始，第二产业的投资比重有所下降，1998—2003 年甚至降到了 40% 以下，这一时期的最低比重 30.63% 相较 1990 年的 56.52% 下降了约 25.9 个百分点，后期对 GDP 的贡献虽然有所下降，但基本保持在 50% 左右，相对投资率的下降，对 GDP 的贡献率变化不大，见表 3-6。

表 3-6　　　　　第二产业的投资占比及对 GDP 的贡献率

年份	投资占比（%）	对 GDP 贡献率（%）	年份	投资占比（%）	对 GDP 贡献率（%）
1978	56.29	62.3	1999	32.71	57.8
1980	51.32	86.6	2000	33.08	60.8
1985	43.61	61.9	2001	30.63	46.7
1989	53.90	46.2	2002	31.16	49.7
1990	56.52	41.0	2003	38.43	58.5
1991	54.82	62.8	2004	40.78	52.2
1992	49.18	64.5	2005	43.75	51.1
1993	45.92	65.5	2006	44.07	50.0
1994	45.05	67.9	2007	44.53	50.7
1995	45.68	64.3	2008	44.53	49.3
1996	45.41	62.9	2009	42.85	51.9
1997	43.06	59.7	2010	42.46	56.8
1998	36.31	60.9	2011	42.53	51.6

数据来源：中经网统计数据库。

---

① 简新华，叶林. 改革开放以来中国产业结构演进和优化的实证分析 [J]. 当代财经，2011（1）：93-102.

　　从行业角度考虑，第二产业的结构和投资变化是以该产业下各行业的变化相关联，国家对各行业的支持力度影响行业的投资结构，根据三大产业的划分标准，第二产业下包括采矿业、制造业、电力、燃气及水的生产和供应业、建筑业。

　　由图3-3可知，改革开放以来的大部分年份里，制造业投资份额在第二产业中处于首位；建筑业投资份额较低也比较稳定；采矿业投资在20世纪90年代初有所波动，但整体保持在10%以下；电力、燃气及水供应行业在20世纪90年代10年投资份额基本稳定在20%左右。制造业在2000年前后有一个较大波动，最低下降到8.75%，较1978年的54.5%的最高值下降了45.75个百分点。2002年以后，制造业的投资占比进入快速上升阶段，比重上升到30%以上，相应的，电力、燃气及水的供应业投资占比下降到10%以下。

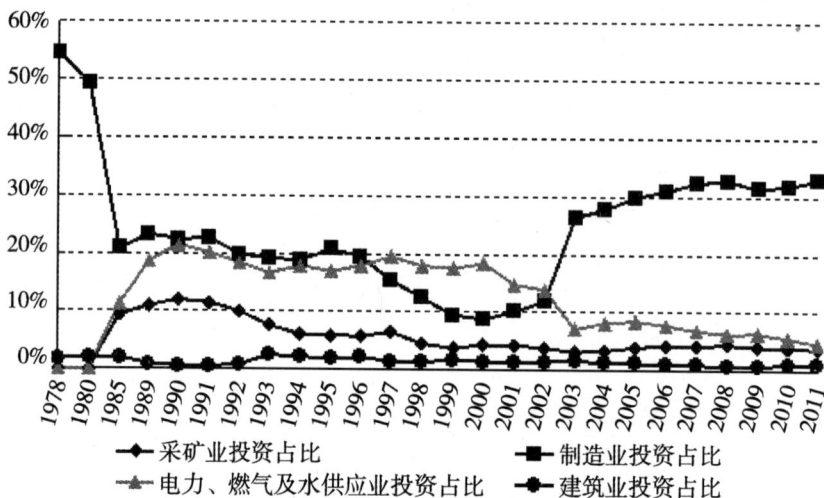

图3-3　第二产业下各行业的投资占比的变化

数据来源：《中国统计年鉴2003》和中经网统计数据库。

　　从中国第二产业总体来看，1978—1992年，中国经历了计划经济向市场经济转变的重要时期，是中国工业化加速推进的阶段。中国的工业化道路从优先发展重工业的发展战略转变为农轻重并举的协调发展战略。轻工业的发展使中国的制造业投资有了一定的上升。1978年中国制造业的固定资产投资为273.16亿元，到1992年已经上涨到了599.31

亿元。1997—2000年，受东南亚金融危机影响，中国制造业出口受到了重大打击，投资额也开始下滑，1997年中国制造业投资额为1 532.05亿元，到2000年仅为1 175.11亿元，投资比重由15.4%下滑至8.8%。2001年以后，随着中国加入WTO，经济开放程度进一步提高，制造业发展加快，以出口贸易为导向的中国制造业发展模式逐渐形成。到2011年，中国的制造业投资占比已经达到了33%，成为中国经济发展的重要支柱行业。

（3）第三产业投资率及对GDP的贡献在逐步上升

改革开放以来，第三产业的投资份额整体在上升，对GDP的贡献率也越来越大，如图3-2所示。1978年第三产业的投资额占比为40.13%，到2011年已经上升到54.66%，对GDP的贡献率也由27.7%上升到43.7%，见表3-7。1978—1992年，第三产业投资份额有所波动，与第二产业的投资波动基本相反，这与计划经济向市场经济转型时期国家的产业调控政策有关。这一时期，以工业化为主要发展战略，相对第二产业，第三产业并不是投资重点。

表3-7　　　　　　　第三产业的投资占比及对GDP的贡献率

年份	投资占比（%）	对GDP贡献率（%）	年份	投资占比（%）	对GDP贡献率（%）
1978	40.13	27.7	1999	63.73	36.2
1980	44.21	18.3	2000	62.62	34.8
1985	50.26	34.0	2001	64.81	48.2
1989	37.62	37.1	2002	64.32	45.7
1990	35.98	17.3	2003	58.60	38.1
1991	40.96	30.1	2004	56.54	39.9
1992	42.70	27.1	2005	53.63	43.3
1993	50.55	26.6	2006	53.43	45.2
1994	52.24	25.5	2007	52.99	46.3
1995	51.35	26.6	2008	52.54	45.0
1996	51.42	27.5	2009	54.08	43.6
1997	53.56	33.5	2010	54.69	39.3
1998	60.45	31.5	2011	54.66	43.7

数据来源：中经网统计数据库。

1992 年，党的十四大报告明确提出把机械电子、石油化工、汽车制造业和建筑业作为中国经济发展的支柱产业，加快发展第三产业，即在确保第二产业作为支柱产业的前提下，第三产业也要加快速度。① 从图 3-2 第三产业的折线图可以看出，1992 年之后该产业的投资占比有了大幅提高，且一直保持上升趋势。

第三产业投资占比逐渐增大的同时，该产业下各行业的内部投资结构也发生了变化。改革开放初期，第三产业主要集中在批发零售业、居民服务业、交通运输业、邮政业等传统行业领域。经过 30 多年的发展，在传统服务业稳定发展的同时，旅游、信息、咨询、科技服务、社区服务、房地产、教育、文化、金融保险等许多新兴行业也得到了较快发展。

3.1.3　中国投资率变化趋势：投资来源角度

从图 3-4 可以看出，自筹和其他资金是中国固定资产投资的主要资金来源。1981—2011 年，自筹和其他资金的比重不断上升，平均占比为 67.46%，且有继续上升的趋势。国内贷款于 1985 年后有一波明显上升，之后一直保持在 20% 左右，平均占比为 18.57%。国家预算内资金呈现不断下降的趋势，1981 年的比重为 28.1%，到 2011 年已经下降至 4.3%，下降了 23.8 个百分点。利用外资额较为稳定，比例较低，平均占比为 5.45%。由于国际金融危机的影响，2008—2011 年中国固定资产投资资金来源中利用外资的占比有所下降，2011 年已经降至 1.5%。

（1）国家预算资金来源比重在逐步降低

国家预算资金是通过税收集中的各地区各行业的资金，通过转移支付或直接投资的方式用于基础设施建设行业及财政资金不足的区域，从而实现财政的调节功能。改革开放以前，国有单位的投资建设资金全部来自于财政拨款。改革开放之后，中国由计划经济转向市场经济，行政命令对经济的影响越来越弱，该项资金投入方向更多是基于政策而非市

---

① 马晓河，赵淑芳．中国改革开放 30 年来产业结构转换、政策演进及其评价 [J]．改革，2008（6）：5-22.

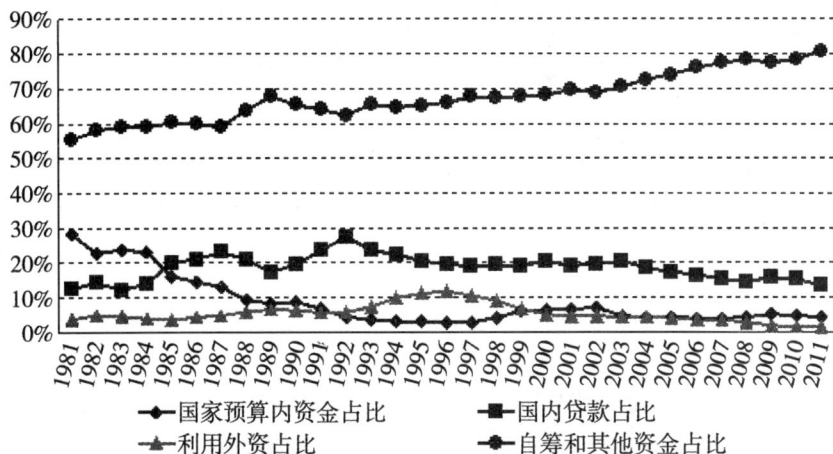

图 3-4　各类投资来源占固定资产资金来源总额的比重

数据来源：中经网统计数据库。

场对资源配置的角度来选择。投资来源的多样化，银行信贷向企业大规模的开放以及企业经营自主权的扩大，使得 1981—1990 年国家预算资金快速下滑。到 1992 年，国家预算资金对固定资产投资占比趋于稳定，投资领域主要集中在政府的基础设施投资，其他行业投资则由市场决定。

（2）国内贷款资金来源的比重逐步稳定

1984 年，国家将中国人民银行确定为中央银行，其一般业务交新成立的工商银行办理，主要承担各类存款和企业流动资金的贷款业务；将原中国人民建设银行从财政部划出，主要承担基本建设贷款任务，兼有政策性银行和商业银行的职能，并在上海、北京等地开始股份制试点，为企业开辟直接融资的渠道。这使得 1985 年中国的国内贷款份额有了一个较大幅度的提高，从 1984 年的 14.1% 提高至 1985 年的 20.1%，上涨了 6 个百分点。

由于中国银行利率一般由中央银行决定，银行贷款具有半市场化特征，因此国内贷款资金来源的变化大致与国家的货币政策相关。宽松的货币政策会降低银行准备金率和贷款利率，刺激投资。紧缩的货币政策收紧银根，使可贷资金减少。如 1988—1992 年，国内贷款来源份额有了一个先降后升的时期，由 1988 年的 21% 下降至 1989 年的 17.3%，后又经 3 年上升到 1992 年的 27.4%。相应的，在这一时期，1988 年 9 月，为应对严重的通货膨胀，政府采取了紧缩的货币政策，一定程度上遏制了通货膨胀，投资下降。但遏制通货膨胀的同时也遏制了经济增长，1989 年 9 月，政府又开始放松紧缩力度，增加货币供应和信贷投入，信贷资金出现了新一轮的上涨。1992 年经济过热时期又爆发了严重通货膨胀，国家再次紧缩货币，1996 年以后国内贷款来源比例基本保持稳定，国家对货币政策的使用也越来越稳健。

（3）企业自筹和其他资金来源比重逐步上升

企业自筹资金始终是固定资产投资资金的主要来源，且一直保持一个稳定上升的趋势，从 1981 年的 55.4% 逐步上升到了 2011 年的 80.9%。筹资比例的变化一方面取决于投资者的自我积累能力及在资本市场的融资能力，另一方面取决于资本市场的规模扩张程度。融资方式的拓展、金融工具的创新、金融组织的完善、市场机制的健全以及监管体系的建立，都有利于资本市场的发育，有利于投资者融资能力的提高。

改革开放以后，中国逐步进行经济体制改革。1978—1992 年，改革的主要内容是将更多的决策权下放给地方政府和生产单位，企业的折旧基金和利润逐步交由企业自主使用。1992 年开始，中国开始了社会主义市场经济体制的建设，改革开放力度不断加大，资本市场建立并得到了迅速发展，企业的融资方式形成了多样化格局，企业可以通过发行债券、股票等更多方式进行筹资；市场经济的不断发展也使得企业实力得到了快速的发展，自身的积累能力加强，规模不断扩大，自有可供投资的资金增多。此外，社会集资、个人资金、无偿捐赠等其他资金来源也逐渐多样化，比例也在上升。因此，企业自筹和其他资金来源的变化会随着市场经济的逐步稳定和健全而呈现稳步上升的趋势。

（4）利用外资资金来源的比重稳中有降

外资在投资中的比重总体不大，只在 1995—1997 年 3 年达到了 10% 以上，1997 年后逐渐下降，到 2011 年已经降至 1.5%。但利用外资的金额在不断上升，1981 年利用外资的金额为 36.4 亿元，到 2011 年，利用外资金额已经达到了 5 062 亿元。外资资金虽然占比比较小，但其可以说是完全市场化的资金，外资资金的流入就是为了寻求获得利润。此外，国家关于外资资金的鼓励、引导和限制性政策也是影响外资投资的重要因素。

1979年7月，中国政府颁布了第一个利用外资的法律《中华人民共和国中外合资经营企业法》，同年8月，国务院设立外国投资管理委员会。1980—1990年，逐步构建起"经济特区—沿海开放城市—经济开放区—内地"的梯度式开放格局。但由于中国多年封闭的原因，外商当时对中国的投资环境不熟悉，对外资政策心存疑虑，很多企业不敢贸然投资。中国当时采用了一系列鼓励措施，包括减税免税的方式鼓励外商进入。1992年，党的十四届三中全会的召开推动了中国改革开放的步伐，利用外资状况也发生了巨大改变，外商直接投资成为利用外资的主要形式，到1995—1997年形成了一个高峰。进入21世纪以来，中国对引进外资政策进行了不断的调整和完善，不再盲目引进外资，更加重视优化国内产业结构，先后出台了一系列法律法规对外商的投资产业领域进行了规范和引导。因此，随着对待外资的态度由盲目引进转变为理性引进，由重视资金引进转向重视产业导向和技术引进，再加上中国国内其他资金来源的快速增长，导致利用外资在中国固定资产投资资金来源中的占比逐步回落。①

3.1.4　中国投资率的演变特点

（1）中国投资率很高且仍有继续提高的趋势

改革开放以来，中国投资率呈逐步上升的趋势。中国的平均投资率在1978—1987年为29.29%，1988—1993年为30.05%，1994—2004年为35.43%，2005—2011年为42.57%。这4个时期的投资率波动上升且长时间处于较高水平。中国长期的工业化战略一直是以投资带动经济发展，国家政策支持和企业大量投资在一定时期内有效地推动了经济的快速发展。从未来一段时期来看，中国经济进入降速发展期，为了保证最低限度的就业率，投资率不会迅速降低，且仍有可能维持继续提高

---

① 吴彦艳，赵国杰，丁志卿. 改革开放以来我国利用外资政策的回顾与展望［J］. 经济体制改革，2008（6）：13-16.

的趋势。

（2）中国投资率波动性很大

从1978年以来的中国投资率变化趋势可以看出，中国投资率既有快速上升的阶段，又有快速下降的阶段，经历了多次较大幅度的波动。例如，1988—1990年，中国投资率出现了急速下降，下降了5.4个百分点，在1990年形成了一个波谷，此后又急剧上升；1991—1993年、2001—2004年和2007—2010年中国投资率出现了3个快速上升阶段，分别上升了8.05个百分点、6.3个百分点和6.62个百分点。

3.2　中国投资率的国际比较

改革开放以来，随着中国经济的不断发展，工业化进程的加快，中国的投资率一直处在高位。1980年以来，世界平均投资率为22.7%，最高年份为24.6%，最低年份为21%，而中国的投资率同期比世界平均投资率要高出15个百分点。① 是中国投资率偏高，还是符合中国经济发展规律？这需要将中国的投资率与其他国家进行比较分析才会得出答案。本章选取国际上具有典型代表性的主要发达经济体和新兴经济体作为比较样本，从固定资产投资的总体规模、阶段性拐点及原因等方面，对相关国家与中国的投资率进行比较分析。

3.2.1　中国与发达国家经济体的投资率比较

（1）美国投资率发展历程与特点

1960年以来，美国的投资率稳定在趋势线20%上下波动，且波动的幅度不是很大，如图3-5所示。最高年份是1979年的21.99%，最低年份是2010年的15.07%。早期投资率波动的波长较短，一般在3～5年左右，期间也出现有长达9年的上升与下降波段，但总体上来说波峰与波谷的偏离度较小。根据美国投资率的波动特征，可以将美国投资率的发展历程分为以下4个阶段：1960—1975年投资率的小幅波动下

---

① 李同宁. 中国投资率与投资效率的国际比较及启示［J］. 亚太经济，2008（2）：42.

降期；1976—1992 年投资率的先急升后大幅波动下降期；1993—2002年投资率的线性上升与快速下降期；2003 年至今投资率的先短升后大幅快速下滑期。

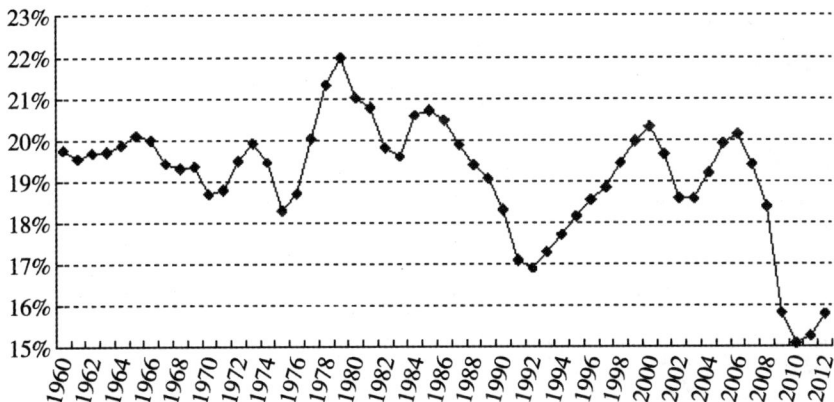

图 3-5 美国投资率趋势图

数据来源：中经网统计数据库。

①第一阶段：1960—1975 年投资率的小幅波动下降期。这一时期，美国投资率出现了两个较小的波峰，分别是 1965 年的 20.11% 和 1973年 19.92%，1970 年和 1975 年出现了阶段性的波谷，其余多数年份在19%~20% 之间，投资率总体呈波动下降之势，但波动幅度非常小。

1960—1969 年，是战后美国发展的黄金时期，固定资本投资额度与 GDP 总量同时稳步增加，两者的比率也保持相对稳定。生产需要和消费需求的变动是决定固定资本投资规模的重要因素。20 世纪 60 年代前期，新兴工业部门的发展、原有工业的技术改造以及居民消费结构的变化扩大了生产资料的需求，消费需求的增长也进一步推动了消费资料生产的发展，从而有力地促进了固定资本投资的增长。这一时期，美国政府在财政金融方面进一步加强了对垄断资本主义发展的支持，使得固定资本投资大量增加。同期，美国卷入"越南战争"，军火采购的大量需求也激发了军用产品生产企业不断更新和扩大生产设备。以原子能与电子信息技术的发明与应用为先导的第三次科技革命，推动了美国工业经济的高速增长。科学技术的迅速变革，对促进美国固定资本投资也起了重要的作用。科学技术成果的广泛应用，许多新的工业部门得以建立，原有企业固定资本的更新也大大加快。美国政府从 20 世纪 50 年代以来采取"加速折旧"、"投资利润纳税优惠法"等激励私人投资的减免税措施，这也在一定程度上加速了设备更新进程。[①]

进入 20 世纪 70 年代之后，美国经济逐渐陷入滞胀，出口贸易份额下降，实体经济缺乏增长点。美国 20 世纪 60 年代大规模的固定资本投资，在 70 年代出现了越来越严重的过剩，阻碍了新增固定资本投资的增长速度。1973—1974 年，第一次石油危机爆发，能源价格大幅上涨，使得美国企业投资成本急剧上升。这使得美国投资率于 1975 年下降到了 18.29% 水平。美国虽然实施扩张性的财政政策和转型期宽松的货币政策，但并没有刺激经济强劲增长，反而使得美元贬值，通货膨胀加剧，进一步打击了私人投资热情。

②第二阶段：1976—1992 年投资率的先急升后大幅波动下降期。从 1976 年开始，为了拉动经济增长，美国加大了政府投资，推动了固定资本投资率不断上升。1977—1979 年，美国投资率已经恢复到了 20% 以上的水平。其中，美国政府投资在全部投资中占 20% ~ 25%，这在拉动经济增长的同时，也带动了私人投资的增长。[②]

20 世纪 80 年代，美国经济日渐复苏，宏观政策的重点从扩大有效需求转向了反通胀。该时期的里根政府从需求管理转向了供给管理，促进了生产力增长，加强了供给结构管理。通过大幅度调减税负，改变高税负对生产、投资和消费产生的激励机制扭曲，使劳动者、投资者和消费者有更多税后收入用于储蓄、资本积累和长期消费，从而刺激了私人投资和消费的增长，使供给与需求在更高层次上实现协调增长。

减税虽然可以刺激企业投资，但也加重了政府的财政赤字，进而加剧了通货膨胀。1980 年，美国的物价上涨了 13.5%，1981 年上涨了 9.1%。为了降低通货膨胀，美国开始控制货币供应量和提高利率。1981 年，美国联邦储备银行对商业银行的贴现率一度提高到 14%，商

[①] 吴纪先. 战后美国固定资本投资与经济增长 [J]. 武汉大学学报：哲学社会科学版，1979（1）：2-14.
[②] 卢鸿德. 美国固定资本投资及其八十年代的发展趋势 [J]. 辽宁大学学报：哲学社会科学版，1982（4）：45-48.

业银行的优惠放款利率曾达到20.5%。[1] 因此，这一时期的高通胀和高利率使投资率形成了一个明显的下降趋势。至1992年，美国投资率降至16.9%，形成阶段性谷底。

③第三阶段：1993—2002年投资率的线性上升与快速下降期。1993—2000年，美国投资率出现了一波明显的上升趋势，而且呈明显的线性趋势。其主要原因是20世纪90年代美国迎来了"新经济"。"新经济"是指由信息技术和其他高科技驱动，以创造性的人力资源为依托，以知识和信息的生产、加工、分配和使用为基础的新型经济形态。[2] 在"新经济"背景下，美国企业投资加速，并吸引了大量外资进入，高新技术设备的投资加快，使投资率得以快速增长并形成了长达9年的向右上方的直线上升趋势。

随着"新经济"的快速发展，美国网络经济泡沫被不断吹大。为了抑制网络经济泡沫，1999—2000年初，美国将利率提高了6倍。至2000年3月，美国以技术股为主的纳斯达克（NASDAQ）综合指数攀升到5 048点，网络经济泡沫达到最高点。从2000年3月13日开始，美国NASDAQ指数大幅下跌，几乎所有网络公司都陷入崩溃，网络经济泡沫宣告破灭。2000—2001年，网络经济泡沫破灭的过程严重波及美国实体经济，大量的风险投资资金都忙于减资、撤资或清盘，固定资产投资率出现了一波快速下滑趋势，到2002年美国投资率降至19%以下。

④第四阶段：2003年至今投资率的先短升后大幅快速下滑期。网络经济泡沫破灭之后，美国开始实施低利率政策，不断向实体经济注入大量的流动性，投资率有所恢复，2006年上升至20%以上。在低利率政策之下，美国住房市场持续繁荣，这使得次级抵押贷款市场迅速发展。但从2006年春季开始，美国"次贷危机"逐步显现。2007年8月开始，次贷危机席卷美国、欧盟和日本等世界主要金融市场，在2008年逐渐形成全球性金融危机。

---

① 卢鸿德. 美国固定资本投资及其八十年代的发展趋势 [J]. 辽宁大学学报：哲学社会科学版，1982（4）：45–48.
② 刘丽云，张惟英，李庆四. 美国政治经济与外交概论 [M]. 北京：中国人民大学出版社，2004：142.

此次危机重创了美国经济，使得投资者信心不足，失业率急剧攀升。2007—2012 年，投资率从接近 20% 的水平，急剧下降至 16% 以下。尽管美国采取了一系列应对措施，如通过多轮量化宽松政策释放流动性，鼓励制造业回归，发展新兴产业等来提振实体经济，但是在美国财政悬崖隐忧、欧债危机、新兴经济体吸纳了大量国际投资等背景下，美国的投资率仍恢复缓慢。因此，自 2006 年以来，美国投资率总体上处于下滑趋势，目前仍处于阶段性的筑底阶段，投资率回升动力弱。

（2）英国投资率发展历程与特点

从图 3-6 来看，英国的投资率在 1974 年和 1989 年有两个显著的波峰，分别为 21.54% 和 21.49%；在 1983 年、1993 年和 2011 年，投资率形成了显著的波谷，分别为 16.95%、15.74% 和 14.07%。从整个趋势图来看，投资率总体上呈不断下降的趋势，最高与最低的投资率相差 7.42 个百分点。根据英国投资率波动的特征可以将其分为 5 个阶段：1960—1974 年投资率的平稳上升期；1975—1989 年投资率的"长深"波动期；1990—1998 年投资率的"短深"波动期；1999—2007 年投资率的"短浅"波动期；2008 年至今的投资率下滑期。

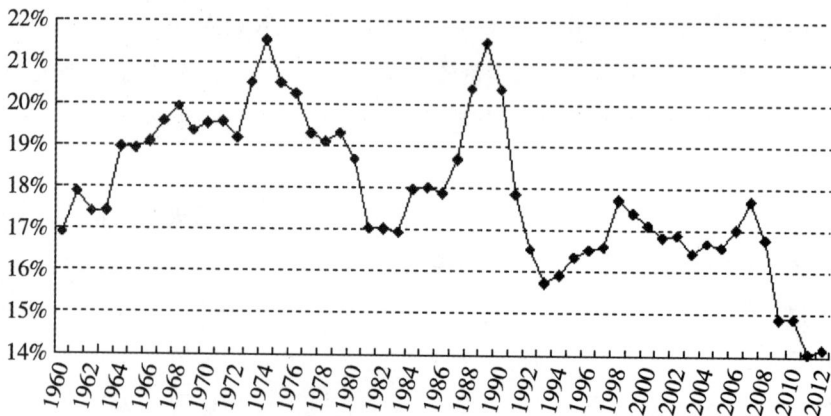

图 3-6　英国投资率趋势图

数据来源：中经网统计数据库。

①第一阶段：1960—1974 年投资率的平稳上升期。20 世纪 50 年代到 70 年代，西方国家纷纷迎来了经济增长的黄金时期，但英国的经济增长率却远低于其他发达国家。英国经济的停滞不仅导致相当高的失业

率，而且导致了"双位数"的通货膨胀率。这一时期，英国的投资率呈现出平缓小幅递增的状态，在私人投资不足的情况下，英国主要靠政府投资来支撑投资率的小幅增长。

在这一时期，英国的历届政府都信奉凯恩斯主义，在经济政策方面主要实施"需求管理"和"收入政策"。所谓的"需求管理"，就是强调依靠政府力量调节总需求和总供给。在战后的大多数年份，英国政府运用赤字财政政策来刺激消费、增加投资，弥补消费需求和投资需求的不足。"收入政策"主要是作为"需求管理"的补充，用于限制工人工资的增长以控制通货膨胀。与此同时，英国政府通过提高国有经济比重，利用国家政权力量广泛干预经济。到20世纪70年代后期，国有化产业包括邮政、电信、电力、天然气、煤炭、造船和铁路，控制了飞机制造和钢铁业的大部分，在汽车制造和石油生产中各占约1/2和1/4。[1] 国有垄断的产业都需要大额的固定资本的投入，这也催生了投资率的小幅上扬。

②第二阶段：1975—1989年投资率的"长深"波动期。此轮投资率波动周期共15年，包括1975—1983年的下降波段和1984—1989年的上升波段。受1973—1974年的石油危机影响，英国经济陷入"滞胀"，经济增长缓慢。为了扭转经济"滞胀"局面，信奉货币主义的撒切尔夫人在制定经济政策时始终把抑制通货膨胀放在首要位置。1975年开始，英国的投资率出现下降趋势，这一时期，英国的固定资木形成总额增长缓慢，投资率不断下降。1984年之后，英国的投资率出现了小幅上升阶段，这与撒切尔夫人进行的大刀阔斧的改革是分不开的。例如，通过紧缩的货币政策抑制通货膨胀；通过严格控制政府支出来减轻国有化和社会福利的沉重负担；通过改革税收制度来激发企业的投资热情；大规模推行国有企业私有化和增强私营企业的活力；大力吸引外资等。经过一系列的改革，英国经济取得了连续9年的增长。这一时期，在低息低税的投资环境下，投资率呈现出快速上升的趋势。

③第三阶段：1990—1998年投资率的"短深"波动期。英国投资

---

① 邹根宝. 80年代英国经济政策的重大变化 [J]. 复旦经济研究, 1991 (3): 35-40.

率这一阶段的波动周期仅 9 年时间，包括 1990—1993 年的快速下降期和 1994—1998 年的缓慢上升期。1990 年底，撒切尔夫人被迫辞职，梅杰继任英国首相，继续推行私有化的政策。1991 年，英国的固定资本形成总额出现了下降，投资率也因此出现了急剧下滑，在 1993 年达到波谷。1990 年英国实际 GDP 仅比 1989 年增长 0.6%，此后两年又出现了经济负增长。[①] 为扭转经济衰退，英国政府又转而把刺激经济增长作为其经济政策的主要目标，执行较为宽松的货币政策和财政政策，并采取了英镑贬值的汇率政策来促进出口。英国的基本利率由 1992 年 9 月的 10%，下调到 1993 年年底的 5.5%，此后基本保持了这一水平。利率下调对刺激国内消费需求，抑制通货膨胀，恢复和增强企业信心发挥了积极作用。为了刺激国内需求，英国政府冒着财政恶化的风险采取了适当增加公共开支的办法。由于措施得力，从 1993 年开始英国经济又转入持续增长阶段，投资率也随之上升并保持平稳状态。

④第四阶段：1999—2007 年投资率的"短浅"波动期。这一投资率波动期也是 9 年时间，主要包括 1999—2003 年的下降期和 2004—2007 年的上升期，是英国投资率波动周期中时间较短、波动幅度最小的周期。这一时期，英国投资率基本上稳定在 16.4% ~ 17.7% 之间，波动幅度非常小。英国首相布莱尔于 1997 年上台执政，之后开始了一系列改革。比如，将金融政策的决定权由财政部转交中央银行——英格兰银行，提高了货币政策的透明度和自由度；对医疗和教育加大投入；引入最低工资制度，对低收入者提供退税政策等。这些政策基本上都取得了良好的效果，通胀率开始稳定，失业率则维持在低水平上，医疗、教育走出最差状态，低收入者数量大大减少。在货币政策和政府公共投入的推动下，这一时期英国的投资率保持了比较稳定的状态。

⑤第五阶段：2008 年至今投资率的下滑期。2008 年，受美国次贷危机引发的全球金融危机影响，欧洲大部分国家经济发展遭受重创，英国亦未能幸免。危机发生过程中，英国国内出现了企业倒闭、工人失业、英镑贬值的现象。2008 年至今，英国的经济衰退，以及受欧债危

---

① 刘赛力. 保守党连续执政十七年来的英国经济 [J]. 世界经济与政治，1997 (1)：67.

机的影响，使得英国投资率一路下滑，2012年的投资率仅为14.16%，目前尚无明显好转的迹象。

（3）日本投资率发展历程与特点

从图3-7来看，自1980年以来，日本投资率总体上呈不断下滑的趋势。根据日本投资率波动的特点可将其发展历程分为两个阶段：一是1980—1990年投资率的U型波动期；二是1991年至今投资率的持续下滑期。

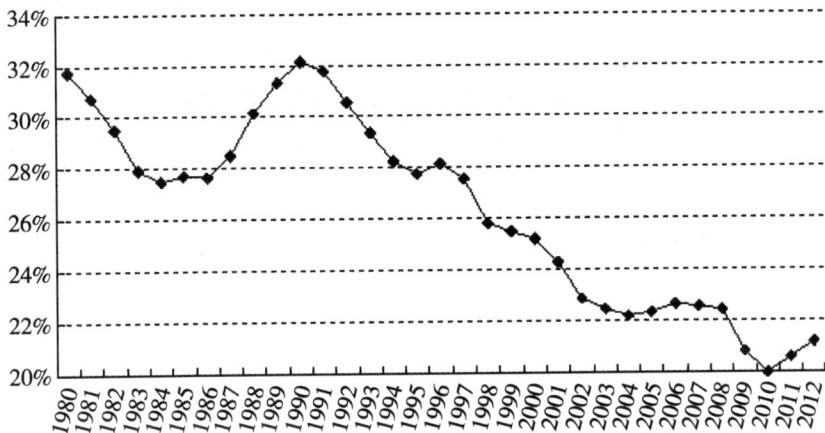

图3-7 日本投资率趋势图

数据来源：中经网统计数据库。

①第一阶段：1980—1990年投资率的U型波动期。此波动周期包括1980—1984年的下降期和1985—1990年的上升期。此阶段投资率的波谷值为1984年的27.29%，高点值在1980年和1990年的32%左右。与美国、英国相比，这一时期日本的投资率显然是较高的。在20世纪80年代初期，日本的实际经济平均增长率仅为3.9%，主要因为原油和天然气价格的上涨和政府实施了过度紧缩政策，使得该阶段的投资率也出现了下降。

1985年9月，美国、联邦德国、日本、法国、英国五国财长签订了"广场协议"，导致美元大幅贬值，而日元大幅度升值。日元升值并没有打击日本经济，反而在信心膨胀、投资膨胀和消费膨胀的带动下，出现了一段长达7年的经济繁荣期，投资率得到了提升。这主要得益于以下三点：一是日本政府为了应对日元升值带来的影响，持续大幅度放松银根，实行超低利率政策；二是 20 世纪 80 年代中后期全球 IT 产业高速增长，当时日本的 IT 技术基本适应了这次产业发展的要求，抓住了新兴产业发展的机遇；三是 20 世纪 80 年代中后期世界石油价格下跌，严重依赖国外石油供应的日本企业，生产成本得以降低，部分抵消了日元升值对国际竞争力的不利影响。

②第二阶段：1991 年至今投资率的持续下滑期。20 世纪 80 年代末，日元的升值使得国际套利资金进入日本的房地产业，加速了房地产业的投资，也推高了日本房价的上涨。1986—1989 年间，日本的房价整整涨了两倍，房产泡沫已然形成。1991 年后，随着国际资本获利逐渐撤离，日本房地产泡沫迅速破灭。到 1993 年，日本房地产业全面崩溃，企业纷纷倒闭，遗留下来的坏账高达 6 000 亿美元。这次房产泡沫破灭不但沉重打击了房地产业，还直接引发了严重的财政危机。受此影响，日本迎来历史上最为漫长的经济衰退。

1992—1995 年，日本政府为了刺激经济增长，实施了增加公共投资为主的扩张性财政政策。除此之外，还实施了一系列降息减税政策来鼓励私人投资。但投资消费持续低迷，投资乘数效应减小，使得投资率仍呈下滑趋势。

20 世纪 90 年代，在日本经济不断衰落之时，东亚国家迅速崛起，在对外贸易、对外投资以及国际金融方面对日本经济构成了严峻的外部挑战。日本经济在外部冲击下，对外出口下降，国内产能出现过剩，国内企业不得不削减设备投资。1998 年的东南亚金融危机、2001 年的网络经济泡沫破裂、2008 年全球金融危机、目前的欧债危机等，都对日本的投资率构成了一定的外部冲击。总之，自 1990 年之今，在国内外多方面不利因素的作用下，日本投资率总体上呈不断下滑趋势，期间有个别的小幅上调现象，但并没有改变总体下滑趋势。

（4）德国投资率发展历程与特点

1970—2012 年，德国投资率总体呈小幅波动递减趋势，如图 3-8 所示，最高年份是 1971 年的 28.03%，最低年份是 2009 年的 17.21%，投资率波峰与投资率波谷相差 10.82 个百分点。2002 年，德国投资率首次下降至 20% 以下，并维持低位运行。根据德国投资率波动的特征可以将其分为三个阶段：1970—1980 年投资率的 L 型波动周期；1981—1992 年投资率的 U 型波动期；1993—2012 年投资率的波动下滑期。

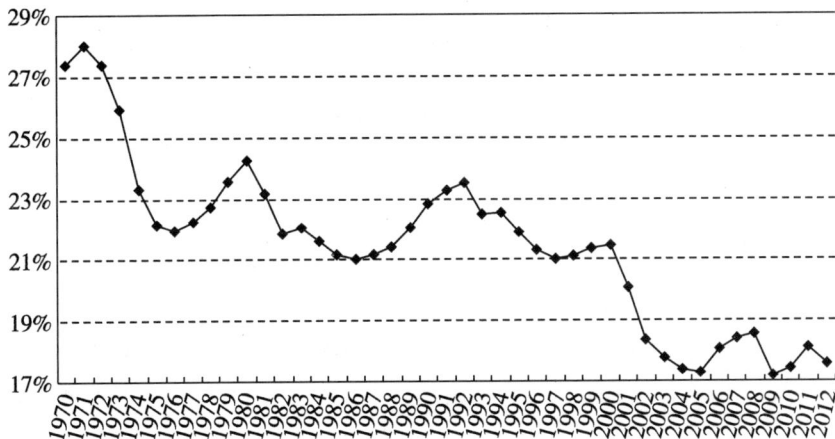

图 3-8　德国投资率趋势图

数据来源：中经网统计数据库。

①第一阶段：1970—1980 年投资率的 L 型波动周期。从这一时期德国投资率的整个走势来看，呈先大幅下降后小幅上升的 L 型。整个波动周期共 10 年，波峰出现在 1971 年，投资率是 28.03%；波谷出现在 1976 年，投资率是 21.95%。德国经济在 20 世纪 70 年代后出现"滞胀"。1974 年第一次石油危机爆发后，国际油价飙升导致德国马克大幅升值，出口陷入低迷。与此同时，工会组织在劳资薪酬谈判中提出了更高的工资标准，导致通胀率从 1969 年的 2.1% 骤升到 1974 年的 7%。受低迷的经济形势影响，德国这一时期的投资率呈现下降趋势。

为了应对通胀，德国政府推出一系列促进计划：扩大政府投资，补贴私人投资，制定促进建筑业、交通、环保能源的专向投资计划，改革所得税制度，降低中低阶层税收，提高育儿津贴等福利补贴。在政策推动下，德国投资率在 20 世纪 70 年代末期重拾升势。

②第二阶段：1981—1992 年投资率的 U 型波动期。德国投资率在这一阶段呈 U 型走势，包括 1981—1986 年的下降期和 1987—1992 年的上升期。此阶段投资率的最高值是 1986 年的 21.03%，最低值是 1992 年的 23.53%。20 世纪 80 年代，德国经济低速增长，失业率持续攀升。

为了拉动经济增长，德国政府极力控制政府支出，并通过减税等手段激活企业投资和私人需求。1989 年德国统一后，在原民主德国巨大的消费和投资需求带动下，德国经济出现了短暂的"统一景气"，投资率也相应呈现小幅上扬。

③第三阶段：1993—2012 年投资率的波动下滑期。德国投资率在这一阶段呈波动下滑态势。2002 年，德国投资率首次下降至 20% 以下，并进入低位运行阶段。从 1992 年第二季度开始，德国经济步入衰退，直至 1994 年第一季度才开始微弱增长，渐趋复苏。德国经济的走弱，主要是由于福利制度等一系列结构性因素所致。过度保障的社会福利制度推高了生产成本，形成了"低增长下高福利—高税收—高负债—高成本—低投资—低增长"的恶性循环。1998 年，面对不断上涨的失业率，德国政府的经济政策主张兼容了两方面思想：一方面坚持通过减税激发投资和消费需求，活跃经济；另一方面，在社保领域提倡个人承担责任的同时，转而用生态税来填补缺口并提倡环保。

21 世纪以来，德国经济持续低速增长。2000—2005 年德国的固定资本形成总额大幅下降，投资率也从 2000 年的 21.47% 下降至 2005 年的 17.29%，年均降速为 4.43%。2006 年后，德国经济整体上摆脱了长期低迷状态，经过多年的社会经济改革和企业结构调整，其自身已开始步入一个较快增长的周期，但由于受到国际金融危机与欧洲主权债务危机的影响，德国的投资率在 2006—2012 年一直处于较低水平。

（5）中国投资率与发达经济体投资率的比较分析

影响一国投资率的主要因素很多，本章从工业化进程、宏观经济政策和外部冲击 3 个层面分析投资率波动。

①工业化进程与固定资产投资率密切相关。一般而言，一国的工业化进程与投资率呈正相关关系，即第二产业增加值比重上升时，投资率也趋于上升，反之亦然。20 世纪 60 年代以来，美国、英国、日本和德国投资率的波动情况也佐证了这一观点。改革开放以来，中国工业化进程逐步加快，伴随着产业结构的优化升级，工业生产能力的提升，工业化进程逐步加快，固定资产投资率虽略有波动，但一直维持在 30% 左右，尤其是自 2004 年以来，投资率已超过 40%（除 2007 外）。相比于

发达国家来说，中国的这一数值明显过高。

②宏观经济政策是调控投资率的重要手段。一国的宏观经济政策是影响投资率的又一重要因素，积极的财政政策、宽松的货币政策和通货膨胀的有效治理，均可以在一定程度上促进固定资产投资增长。固定资产投资的投资主体主要分为两类：一是私人投资；二是政府投资。不同投资主体的影响因素存在差异。私人投资主要受基本经济形势影响，如果基本经济形势向好，全社会的生产需求和消费需求增加，可以带动私人投资规模增加；政府推出的相关政策也会对私人投资产生影响，如降息减税的投资激励等。政府作为宏观调控的主体，其进行固定资产投资的主要动因是基于整个宏观经济发展的考虑。

20世纪70年代，美国、英国和德国都出现了一定程度"滞涨"，三国政府采取一系列政策措施来刺激投资需求，如美国政府实施扩张性财政政策和宽松的货币政策；英国政府运用财政赤字来刺激投资；德国政府推出了取消税收优惠、增加燃油税和提高贴现率等措施来治理通货膨胀。20世纪80年代，日本政府采取了放松银根及超低利率的政策措施。中国政府在治理80年代末90年代初的通货膨胀时，也采取了紧缩的财政政策和货币政策。

③外部冲击对投资率有重要影响。在当今经济全球化、一体化的背景下，外部冲击已经成为影响一国投资率的重要因素。外部冲击既可能源于经济因素，如能源危机、利率和汇率波动等；又可能源于自然灾难、恐怖袭击等，外部冲击对某一开放经济体投资率的影响越来越大，若一国经济以出口导向为主，其投资率更容易受到外部冲击的影响。以20世纪石油危机为例，主要石油进口国在危机中受到冲击，经济增速明显放缓，投资率也相应呈现下降趋势。就单一经济体而言，在第一次石油危机中，美国工业生产下降14%，GDP下降4.7%，日本的工业生产下降20%以上，GDP下降7%，工业生产的下降进一步影响了美国和日本的固定资产投资。由于对外开放起步较晚，第一次石油危机没有对中国经济产生负面影响，但随着中国经济高速发展，石油对外依存度保持强劲增长态势，2012年石油对外依存度上升至57.8%，这意味着国内经济受国际原油价格波动的影响会不断加大，并可能进一步影响固定资产投资。

2008 年爆发的国际金融危机对发达经济体和新兴经济体均产生了一定程度的冲击。从中国、美国、英国、日本和德国的投资率走势图来看，五国投资率在 2008 年均呈下降趋势，说明此次国际金融危机对发达经济体和新兴经济体都带来了严重的冲击。五国政府都采取了相关政策措施来刺激经济增长，如美联储推出量化宽松政策，斥资 6 000 亿美元来促进投资和刺激消费；中国推出 4 万亿元的投资计划来刺激经济增长，巨额的资金投入是 2009 年以来投资率大幅回升的重要推动力。

3.2.2 中国与新兴经济体的投资率比较

在新兴经济体中，本章主要选取金砖国家印度、巴西、南非和俄罗斯作为与中国投资率进行比较的样本。

（1）印度投资率发展历程与特点

从图 3-9 可以看出，1997 年到 2012 年，印度投资率处于较高水平，一直在 22% ~34% 波动。此阶段投资率波动的最高值是 2008 年的 33.15% ，最低值是 1998 年的 22.36% 。根据印度投资率波动的特点可将其发展历程分为 3 个阶段：一是 1997—2002 年投资率的缓慢增长阶段；二是 2003—2008 年投资率的快速增长阶段；三是 2009—2012 年投资率的波动下降阶段。

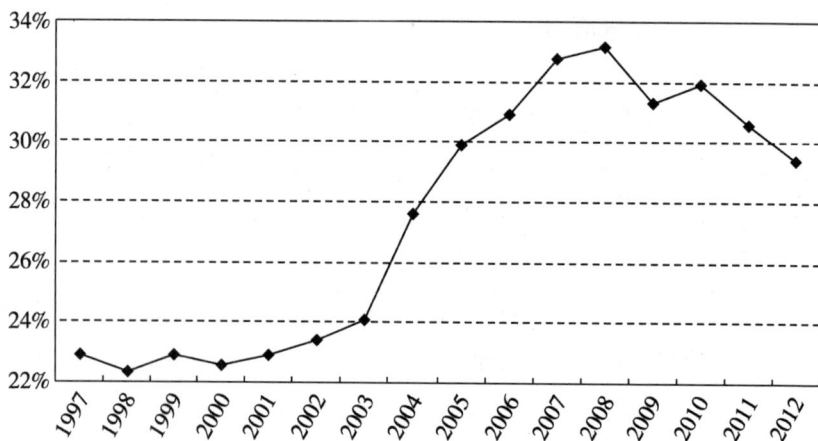

图 3-9　印度投资率趋势图

数据来源：中经网统计数据库。

①第一阶段：1997—2002年投资率的缓慢增长阶段。印度投资率在这一阶段呈缓慢增长趋势。20世纪90年代后期以来，印度第三产业发展迅速，第二产业的发展则相对缓慢。这一时期，印度第二产业增加值占GDP比重没有明显的变化，一直处于24%左右。一般认为，一国第二产业尤其是制造业的发展与投资率的变化密切相关，印度第二产业缓慢发展在一定程度上制约了其投资率的上升。1997年印度的投资率为22.91%，2002年为23.39%，年均增速仅为0.41%。

②第二阶段：2003—2008年投资率的快速增长阶段。印度投资率在2003—2008年呈快速增长趋势。2003年印度的投资率为24.07%，2008年为33.15%，年均增长了6.61%。与第一阶段相比，这一阶段的投资率增速大幅提升，印度投资率进入快速增长阶段。消费是拉动印度经济增长的引擎，投资、出口对经济增长的贡献相对较弱，印度投资率在2008年达到峰值，但仍没有超过35%。

③第三阶段：2009—2012年投资率的波动下降阶段。2009年印度的投资率为31.33%，由于受到国际金融危机的冲击，投资率呈下降态势，2012年降至29.41%。由于印度的对外贸易依存度、国际直接投资依存度和能源依存度较低，这一外部冲击对印度经济产生的负面影响较小，在一定程度上较好地规避了国际风险。

（2）巴西投资率发展历程与特点

从图3-10来看，巴西投资率在样本区间的波动幅度较小，一直处于15%~20%。横向来看，巴西投资率远低于中国，甚至低于一些发达国家。根据巴西投资率波动的特点可将其发展历程分为三个阶段：一是1995—2003年投资率的波动下降阶段；二是2004—2008年投资率的稳健增长阶段；三是2009—2012年的倒U型阶段。

①第一阶段：1995—2003年投资率的波动下降阶段。巴西投资率在这一阶段呈波动下降趋势，但波幅较小。这一波动期投资率的最高值是1995年的18.32%，最低值是2003年的15.28%，最高值和最低值之间的差值为3.05个百分点。随着1994年"雷亚尔计划"的实施，巴西经济稳定增长，引进FDI呈现加速增长势头。以1995年为例，流入

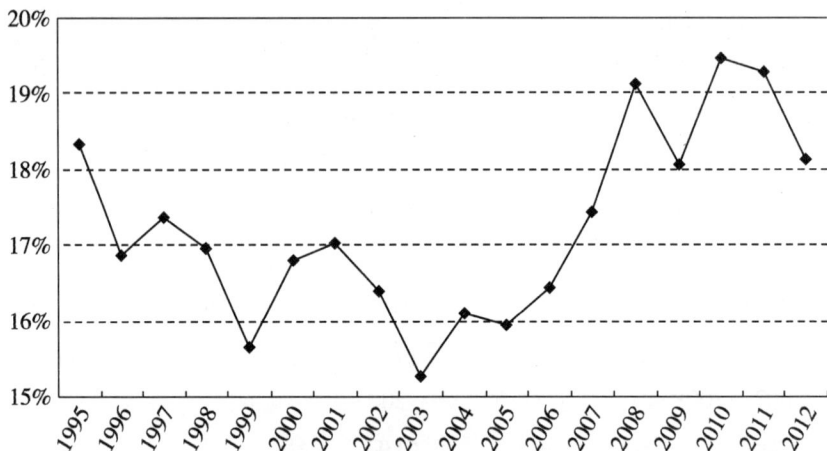

图 3-10　印度投资率趋势图

数据来源：中经网统计数据库。

巴西的外国资本达 155 亿美元，几乎比 1994 年多一倍。[①] 在外国资本和低通货膨胀率等因素的推动下，1995 年巴西投资率略高于其他年份。随后，由于受到 1997 年东南亚金融危机的影响，巴西的投资率出现了连续三年的下降。1999—2003 年，受多次国际金融危机、国内经济萧条和财政调整措施影响，巴西投资率经历了一个小幅震荡阶段。

②第二阶段：2004—2008 年投资率的稳健增长阶段。巴西投资率在这一阶段呈稳健增长趋势。2004 年投资率是 16.10%，2008 年投资率是 19.11%，年均增长 4.39%。在这一阶段，巴西外汇储备激增，外部债务减少，经济发展的外部风险得到缓解，固定资本形成总额快速增长，投资率呈现稳步增长。

③第三阶段：2009—2012 年投资率的倒 U 型阶段。巴西投资率在这一阶段呈倒 U 型走势。2008 年爆发的全球金融危机对巴西经济发展的影响相对较小，主要得益于巴西 3/5 左右的 GDP 是由国内需求拉动的。但 2009—2012 年巴西投资率仍维持低位，与中、印、俄等金砖国家的投资率相比，巴西投资率处于相对低位。其原因有两个：一是国际金融危机背景下巴西多数企业的投资信心缺失；二是巴西经济长期存在

①　焦震衡. 巴西经济从衰退走向复苏的原因 [J]. 国际社会与经济, 1996 (7): 15-17.

的结构性问题。例如，国内的成本赋税高昂，导致企业生产成本加大，产品竞争力削弱，投资意愿下滑；巴西的基础设施陈旧、匮乏，制约了经济发展，同时还影响了吸引 FDI。

（3）南非投资率发展历程与特点

从图 3-11 可以看出，南非投资率水平相对较低，在样本区间，投资率的最高值是 2008 年的 23.08%，最低值是 1993 年的 14.69%，最高值与最低值相差 8.39 个百分点。从整个趋势图来看，以 2008 年为转折点，南非投资率总体呈先上升后下降的趋势。根据南非投资率波动的特征可以将其分为四个阶段：1993—1998 年投资率的平稳上升期；1999—2002 年投资率的平稳下降期；2003—2008 年投资率的快速上升期；2009 年—2012 年投资率的快速下滑期。

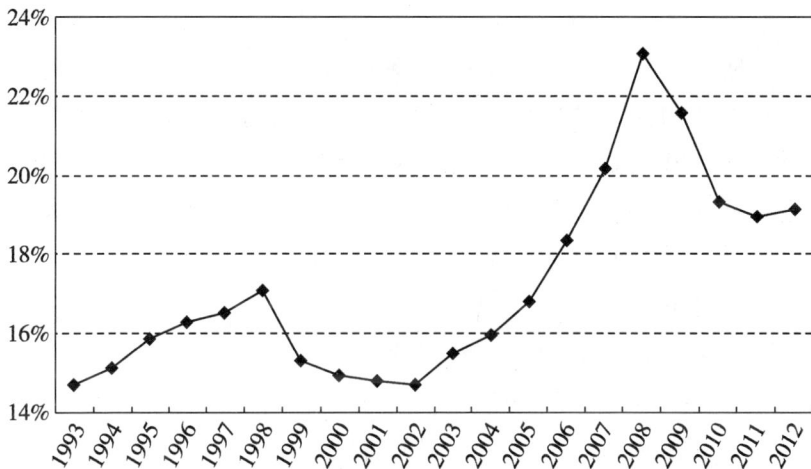

图 3-11　南非投资率趋势图

数据来源：中经网统计数据库。

①第一阶段：1993—1998 年投资率的平稳上升阶段。南非投资率在这一阶段呈平稳上升趋势，1993 年投资率是 14.69%，1998 年投资率是 17.09%。南非自 1994 年废除种族隔离、建立种族平等的民主制度以来，实现了政治稳定与民族和解，这给经济发展带来空前有利的国内和国际环境。这一时期的通货膨胀率一直保持在 3% ~ 6% 的适度区间内，投资环境的改善驱动 20 世纪 90 年代中后期南非投资率的小幅上升。

②第二阶段：1999—2002 年投资率的平稳下降阶段。南非投资率在这一阶段呈下降趋势。1999 年南非投资率是 15.29%，2002 年降至 14.70%。这一时期南非投资率下降的主要原因是，南非对外直接投资依存度较高，1997 年东南亚金融危机爆发以后，南非 FDI 流入量大幅减少，固定资产形成总额的增速放缓，投资率下降并保持低位徘徊。

③第三阶段：2003—2008 年投资率的快速上升阶段。南非投资率在这一时期呈现出快速上升趋势。2003 年投资率是 15.48%，2008 年是 23.08%，年均增长 8.31%。在这一时期，南非具备有利投资环境的多种因素，在低利率、低通货膨胀率、高消费需求等因素的带动下，南非投资率取得较快增长。从投资主体来看，私人投资、政府投资和外国直接投资，均对南非投资率的上升做出了一定的贡献。

④第四阶段：2009—2012 年投资率的快速下滑期。南非投资率在这一时期总体呈下滑趋势。2009 年南非投资率是 21.56%，2012 年是 19.16%，2011 年投资率最低，是 18.96%。2008 年国际金融危机爆发以后，南非 FDI 流入量大幅下降，这对南非投资率形成了一定的冲击，但在政府政策和基础设施建设投资的双重拉动下，南非投资率并未出现严重下滑。在经历了 2009—2011 年连续三年呈下降趋势后，2012 年投资率企稳回升。

（4）俄罗斯投资率发展历程与特点

从图 3-12 来看，俄罗斯投资率在样本区间波动较为剧烈，投资率的最高值是 2008 年的 21.67%，最低值是 14.39%，最高值和最低值相差 7.28 个百分点。根据俄罗斯投资率波动的特征可以将其分为三个阶段：1995—1999 年的投资率的快速下滑期；2000—2005 年和 2006—2012 年两个阶段投资率的变动极为相似，均表现为在经历两年的快速拉升后，进入小幅调整期。

①第一阶段：1995—1999 年投资率的快速下滑期。1995 年俄罗斯投资率是 21.08%，1999 年降至 14.39%。其成因主要有两个：一是内部原因，"休克疗法"这一激进式改革导致俄罗斯经济大幅下滑，甚至陷入衰退，这一时期投资率也呈现快速下滑趋势。1992—1997 年，俄罗斯对部分经济部门（能源、石油开采、冶金等）进行了大量的投资，

但是这些投资并没有产生乘数效应。1998 年"8·17"卢布大幅度贬值爆发金融危机，企业投资能力下降，这在一定程度上加剧了投资率的下滑。① 二是外部原因，1997 年东南亚金融危机对俄罗斯的投资率造成了一定程度的负面影响。

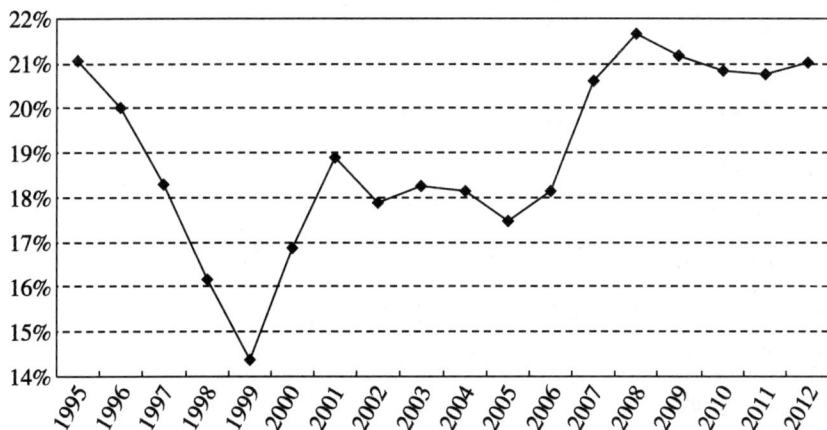

图 3-12　俄罗斯投资率趋势图

数据来源：中经网统计数据库。

②第二阶段：2000—2005 年投资率的快速上升与调整阶段。俄罗斯这一时期的投资率波动主要表现为快速拉动及相应的调整期。投资率的最高值是 2001 年的 18.89%，最低值是 2000 年的 16.86%。21 世纪以来，俄罗斯政府进行了一系列政治经济改革，长期存在的制度供给不足问题得到了有效解决，摆脱了转轨以来经济持续下滑的局面，GDP 实现持续稳定增长，对外贸易、私人投资、FDI 和 OFDI 均实现快速增长。基于此，俄罗斯投资率在这一阶段小幅上涨。

③第三阶段：2006—2012 年投资率的进一步上升与调整阶段。俄罗斯投资率在这一阶段包括快速上升（2006—2008 年）和小幅调整（2009—2012 年）两个时期，投资率在 2008 年到达峰值（21.67%）。在 2008 年国际金融危机爆发以前，俄罗斯经济经历了持续高速增长，投资率也实现了快速上升。金融危机对俄罗斯经济的影响始于 2008 年

① 魏浩，史言信. 1992—2007 年俄罗斯经济发展形势与中俄经贸发展 [J]. 东北亚论坛，2008（6）：51.

第三季度，并进而在接下来的三个季度里出现经济大幅萎缩。到 2009 年的第 2 季度，世界很多国家的经济均表现出止跌回升的态势，但俄罗斯的经济却深陷衰退陷阱。[①] 受金融危机和国际市场油价暴跌的影响，俄罗斯在 2009 年的工业生产急剧下降，工业生产下降了 10.8%，GDP 也出现了负增长，这暴露了其过度依赖能源与海外市场的经济发展模式的弊端。[②] 近两年来，俄罗斯政府为了刺激经济增长，采取了扩张性的财政政策和宽松的货币政策，这种政府主导的投资拉动使其投资率能够一直维持在 20% 以上。

（5）中国投资率与新兴经济体的比较分析

①中国和印度投资率较高，是推动经济增长的重要引擎。从投资率来看，中国和印度的投资率较高，中国是最典型的高储蓄、高投资驱动型经济，投资对中国经济增长的贡献率极高。印度的投资率也超过世界平均值。巴西、俄罗斯和南非的投资率相对较低，接近于世界平均水平。高投资率是中国和印度经济增长率在金砖国家中处于领先地位的主要原因。

②产业结构与投资率密切关系。一个国家的产业结构与投资率密切相关。一般而言，如果一国产业结构为"二三一"形式，其投资率相对较高；如果一国产业结构为"三二一"形式，其投资率相对较低。在金砖国家中，巴西、俄罗斯、印度和南非的产业结构均处于"三二一"阶段，中国尚处于"二三一"阶段。作为制造业大国，中国的高投资率与以第二产业为主导的产业发展模式密切相关。

③经济发展方式影响投资率。消费、投资、净出口是拉动经济增长的三个主要因素。由于每个国家的经济发展模式不尽相同，拉动经济增长的动因也差异显著。印度是典型的内需主导的消费型经济发展模式，投资、出口对经济的拉动作用相对较小。当然一国的消费需求也会在一定程度上带动投资的增长，但其对外的依赖度小，经济增长也就不容易受到外部冲击。巴西虽经历了由"进口替代"模式向"出口导向"的

---

① 景维民，朱兴龙. 后危机时代俄罗斯经济发展悖论探析 [J]. 俄罗斯中亚东欧研究，2010（2）：34.
② 关雪凌. 俄罗斯经济发展模式的艰难转型 [J]. 政治经济学评论，2010（2）：50-54.

外向型经济发展模式的转变，但 GDP 的 60% 以上仍是国内需求拉动的，对投资、出口的依赖较小。南非经济高度依赖进出口、外国投资和国外贷款，进出口占 GDP 的比重约达 60%，这种经济发展模式很容易受到世界经济的影响。俄罗斯经济发展严重依赖能源出口，内需不足，因而国际原油价格波动对其产生的影响是不容忽视的。中国经济的发展长期依赖高投资率、高贸易顺差，国内消费需求相对不足。相比于其他新兴经济体来说，中国的投资率是明显过高的。近几年来，中国的投资率依旧呈不断攀升的态势，这给经济发展带来了一系列负面影响。

第 4 章　中国投资率的决定因素

　　高投资率虽然对经济增长具有拉动作用，但是投资率持续高位运行可能会给经济带来负面影响。新古典增长理论和新增长理论都指出，单纯依靠资本积累驱动的经济增长不具有可持续性。[①] 因此，很多学者担心，中国的高投资率会带来投资效率的下降，最终会影响到经济运行的质量和效益，难以保持宏观经济的持续、快速和稳定增长。[②] 正因为如此，中国政府明确提出加快转变经济发展方式，其中的一个重要内容即促进经济增长由主要依靠投资、出口拉动向依靠消费、投资、出口协调拉动转变。

　　在此背景下，判定高投资率的决定因素，并据此提出相应降低投资率的政策建议无疑具有重要意义。Perkins 认为，中国的高投资率来源于资本的高速累积和高储蓄率。[③] 李扬和殷剑峰认为，"剩余劳动力由

　　① SOLOW R A contribution to the theory of economic growth [J]. Quarterly Journal of Economics, 1956, 70 (1): 65 – 94. LUCAS, ROBERT E. On the mechanics of economic development [J]. Journal of Monetary Economics, 1988, 22 (1): 3 – 42. ROMER P M. Are nonconvexities important for understanding growth? [J]. American Economic Review, 1990, 80 (2): 97–103.
　　② 张军. 资本形成、工业化与经济增长：中国的转轨特征 [J]. 经济研究, 2002 (6): 3–13. 史永东, 齐鹰飞. 中国经济的动态效率 [J]. 世界经济, 2002 (8): 65–70. 杜两省, 王晓姝, 陈太明. 中国经济增长方式转变过程中的风险控制系统 [J]. 财经问题研究, 2010 (7): 18–25.
　　③ PERKINS D H. China's recent economic performance and future prospects [J]. Asian Economic Policy Review, 2006 (1): 15–40.

农业向工业（工业化）、由农村向城市（城市化）、由国有向非国有（市场化）的持续转移是中国经济能够长期、高速增长的关键，而高储蓄率和高投资率既是这种增长模式的必然结果，也是劳动力得以持续转移乃至这种增长模式得以维持的关键原因"。① 林毅夫则指出，发展中国家后发优势的存在使得在经济赶超过程中企业容易对下一个有前景的产业产生共识，从而在投资上出现"潮涌现象"，这能够解释中国的高投资率。②

然而，上述研究大多专注于理论阐释，对高投资率的决定因素进行实证研究并不多见。其原因可能在于，投资率的影响因素较为复杂，实证研究模型中的解释变量不容易确定。国外学者关于投资率决定因素的研究也存在分歧。一些研究选择销售额或产出等需求方面的因素作为解释变量，而另一些研究则引入了成本因素，如资本使用成本或石油价格等。Alesina 等提出，工资是投资的一个重要的决定性因素，但是政府支出和政策又是工资的一个重要性的决定因素。③ Hall 和 Jones 认为，资本存量能够影响投资率和投资规模；④ Landon 和 Smith 把汇率作为影响投资的解释变量。⑤ Barro 则利用标准的增长核算模型分析了要素价格的改变、溢出效应、报酬递增、税收等对索洛剩余的影响，这些因素也会进一步影响投资率。⑥

本章将利用 García-Belenguer 和 Santos 建立的新古典增长模型推导出稳态投资率决定方程，并以此为基础对中国投资率的决定因素进行结构计量分析。⑦ 利用该方法的优点是，可以在一个统一的框架内对投资率的影响因素进行分析，从而避免逻辑的不一致性。

① 李扬，殷剑峰. 劳动力转移过程中的高储蓄率、高投资和中国经济增长 [J]. 经济研究，2005 (2)：4-15.
② 林毅夫. 潮涌现象与发展中国家宏观经济理论的重新构建 [J]. 经济研究，2007 (1)：126-131.
③ ALESINA A, ARDAGNA S, PEROTTI R, et al. Fiscal policy, profits, and investment [J]. American Economic Review, 2002, 92 (3)：571-589.
④ HALL R E, JONES C I. Why do some countries produces so much more output per worker than others? [J]. Quarterly Journal of Economics, 1999, 114 (1)：1-58.
⑤ LANDON S, SMITH C E. Investment and the exchange rate: short run and long run aggregate and sector-level estimates [J]. Journal of International Money and Finance, 2007, 28：813-835.
⑥ BARRO R J. Notes on growth accounting [J]. Journal of Economic Growth, 1999, 4 (2)：119-137.
⑦ GARCÍA-BELENGUER F, SANTOS M S. Investment rates and the aggregate production function [R]. University of Miami, Department of Economics, Working Paper, 2011 (3).

4.1 稳态投资率决定方程

García-Belenguer 和 Santos 提出的新古典增长模型为分析投资率的决定因素提供了理论框架。假设经济是由提供资本和劳动的相同家庭单位组成的封闭经济，该经济在一个竞争的市场环境下运行。家庭追求效用贴现流的最优化为：

$$\max \sum_{t=0}^{\infty} \beta^{t} u(C_{t}) \tag{4-1}$$

其中，C_t 表示总消费，β 表示主观贴现因子，$u(C_t)$ 表示标准的效用函数。

经济的总生产函数为：

$$Y_t = A_t(x_t) \ F(K_t, \ B_t L_t) \tag{4-2}$$

其中，$A_t(x_t)$ 表示全要素生产率，它取决于向量 x_t，而 x_t 受物质资本和其他无形资本（例如研究开发支出和人力资本等）的影响；K_t 表示物质资本存量；L_t 表示劳动投入；B_t 表示教育和生产技术的平均水平，其增长率为 g_b，即：

$$B_t = B_{t-1}(1+g_b)$$

假设产出全部用于消费和投资，则经济中的总资源约束为：

$$Y_t = C_t + q_t I_t \tag{4-3}$$

其中，q_t 表示投资的相对价格，I_t 表示物质资本投资。

物质资本存量 K_t 的折旧率为 δ，从而资本积累服从以下方程：

$$K_{t+1} = I_t + (1-\delta_K) K_t \tag{4-4}$$

各种影响竞争市场的扭曲因素可以通过家庭的预算约束表示：

$$C_t + \varphi^q q_t I_t = (1-\tau_Y) \ ((\varphi^R R_t - \delta_K) \ K_t + \varphi^w w_t) + \delta_K K_t + T_t \tag{4-5}$$

其中，R_t 表示物质资本的边际生产率，w_t 表示竞争条件下的工资率，T_t 表示家庭得到的转移支付，τ_Y 表示对收入征税的税率，φ^q、φ^R 和 φ^w 表示在经济环境和法律法规限制下固有的非金钱方面的成本。例如，φ^q 表示投资价格的无形成本，如获取政府许可、授权或知识产权等需要支付的成本。

假设生产函数为固定替代弹性（constant elasticity of substitution，

CES）生产函数形式，即：

$$Y_t = A_t (x_t) (\alpha K_t^\rho + (1-\alpha)(B_t L_t)^\rho)^{1/\rho} \tag{4-6}$$

其中，$-\infty < \rho \leq 1$。在 CES 生产函数形式下，物质资本边际生产率为：

$$R_t = A_t (x_t) \alpha [\alpha + (1-\alpha)(\frac{B_t L_t}{K_t})^\rho]^{(1-\rho)/\rho}$$

由此可以得到资本收入份额 γ_t 为：

$$\gamma_t = \frac{R_t K_t}{Y_t} = (1 + \frac{1-\alpha}{\alpha}(\frac{B_t L_t}{K_t})^\rho)^{-1} \tag{4-7}$$

家庭的跨时最优化条件可以用如下欧拉方程表示：

$$\frac{u'(C_t)}{\beta u'(C_{t+1})} = \frac{(1-\tau_Y)(\varphi^R R_{t+1} - \delta_K) + \delta_K}{\varphi^q q_t} + (1-\delta_K) \tag{4-8}$$

假设效用函数同样为 CES 形式，即：

$$u(C_t) = \frac{C_t^{1-\sigma}}{1-\sigma} \tag{4-9}$$

其中，$\sigma > 0$。根据方程（4-9），方程（4-8）等号左端可以表示为：

$$\frac{u'(C_t)}{\beta u'(C_{t+1})} = \frac{C_t^{-\sigma}}{\beta C_{t+1}^{-\sigma}}$$

在经济的平衡增长路径上，消费以恒定速度 g_b 增长，即 $C_{t+1} = C_t (1+g_b)$，从而有：

$$\frac{u'(C_t)}{\beta u'(C_{t+1})} = \frac{1}{\beta (1+g_b)^{-\sigma}}$$

根据方程（4-8）有：

$$\frac{1}{\beta (1+g_b)^{-\sigma}} = \frac{(1-\tau_Y)(\varphi^R R_{t+1} - \delta_K) + \delta_K}{\varphi^q q_t} + (1-\delta_K)$$

在平衡增长路径上，稳态投资相对价格为常数，即 $q_t = q$，从而稳态物质资本边际生产率 R^* 也为常数，即：

$$R^* = \frac{1}{\varphi^R}(\frac{\varphi^q q - \delta_K}{1-\tau_Y}(\frac{1}{\beta (1+g_b)^{-\sigma}} - (1-\delta_K)) + \delta_K) \tag{4-10}$$

稳态资本收入份额 γ_t^* 同样为常数，即：

$$\gamma^* = \alpha^{1/(1-\rho)}(\frac{R^*}{A_t(x_t)})^{\rho/(1-\rho)}$$

名义投资率可以定义为 $s_t = \dfrac{q_t I_t}{Y_t}$，给定资本积累的稳态条件 $I^* = (\delta_K + g_b)\ K^*$，稳态名义投资率 s^* 可以表示为：

$$s^* = \frac{(\delta_K + g_b)\ q\gamma^*}{R^*} \tag{4-11}$$

假设收入税不能折旧。将 R^* 代入方程（4-11）中，可得：

$$s^* = (\delta_K + g_b)\ \gamma^* \frac{\varphi^R\ (1-\tau_Y)}{\varphi^q} \left(\frac{1}{\beta\ (1+g_b)^{-\sigma}} - (1-\delta_K) \right)^{-1} \tag{4-12}$$

同时，将 γ^* 和 R^* 代入方程（4-12）中，可得：

$$s^* = (\delta_K + g_b)\ q^{\rho/(\rho-1)} \alpha^{1/(1-\rho)} A\ (x^*)^{\rho/(1-\rho)} \times$$

$$\left(\frac{\varphi^q}{\varphi^R\ (1-\tau_Y)} \left(\frac{1}{\beta\ (1+g_b)^{-\sigma}} - (1-\delta_K) \right) \right)^{1/(\rho-1)} \tag{4-13}$$

由于 $A_t\ (x_t)$ 是关于人力资本和研究开发支出的函数，假设其函数形式为柯布-道格拉斯形式：

$$A_t\ (x_t) = A_t\ (H_t,\ Z_t) = H_t^\omega Z_t^{1-\omega} \tag{4-14}$$

其中，H_t 表示人力资本，Z_t 表示研究开发支出，$0<\omega<1$。根据方程（4-14），方程（4-13）可以进一步改写为：

$$s^* = (\delta_K + g_b)\ q^{\rho/(\rho-1)} \alpha^{1/(1-\rho)}\ (H^*)^{\omega\rho/(1-\rho)}\ (Z^*)^{(1-\omega)\rho/(1-\rho)} \times$$

$$\left(\frac{\varphi^q}{\varphi^R\ (1-\tau_Y)} \left(\frac{1}{\beta\ (1+g_b)^{-\sigma}} - (1-\delta_K) \right) \right)^{1/(\rho-1)} \tag{4-15}$$

4.2 实证模型、变量及数据

4.2.1 实证模型

根据上面理论模型的推导，针对特定研究目的，本章将估计三种形式的实证模型。

模型 1：对方程（4-12）两边取对数，得到：

$$\log s^* = \log\ (\delta_K + g_b)\ + \log\gamma^* + \log\varphi^R +$$

$$\log\ (1-\tau_Y)\ - \log\varphi^q - \log\ (r^* + \delta_K) \tag{4-16}$$

其中，r^* 表示实际利率。模型 1 认为，投资率取决于收入增长率、资本收入份额、经济中的税收以及其他扭曲、实际利率等因素。

模型 2：对方程（4-13）两边取对数，得到：

$$\log s^* = \log\left(\delta_K + g_b\right) + \frac{\rho}{\rho-1}\log q + \frac{\rho}{1-\rho}\log A\left(x^*\right) +$$

$$\frac{1}{\rho-1}\left(\log\varphi^q - \log\varphi^R - \log\left(1-\tau_Y\right) + \log\left(r^* + \delta_K\right)\right) \tag{4-17}$$

在模型 2 中，投资率取决于收入增长率、投资的相对价格、全要素
生产率、税收以及其他扭曲、实际利率等因素。

模型 3：对方程（4-15）两边取对数，得到：

$$\log s^* = \log\left(\delta_K + g_b\right) + \frac{\rho}{\rho-1}\log q + \frac{\omega\rho}{1-\rho}\log H^* + \frac{(1-\omega)\,\rho}{1-\rho}\log Z^* +$$

$$\frac{1}{\rho-1}\left(\log\varphi^q - \log\varphi^R - \log\left(1-\tau_Y\right) + \log\left(r^* + \delta_K\right)\right) \tag{4-18}$$

模型 3 主要是在方程（4-17）的基础上进一步研究了人力资本和
研究开发支出对投资率的影响。

4.2.2　变量与数据

根据上述回归模型，选取年度数据进行建模，样本区间为 1978—
2010 年。各指标的选择、处理以及计算如下：

（1）收入增长率（Y_{gr}）。收入增长率根据人均国内生产总值指数
计算，数据来自于中经网数据库。

（2）资本收入份额（γ^*）。资本收入份额是国民收入中资本报酬
所占的比重，它与劳动收入份额之和为 1。本章通过计算劳动收入份
额，间接得到资本收入份额。由于国家统计局没有提供全国劳动者报酬
的数据，因此本章利用 Bai 等的方法，用各省的劳动者报酬在 GDP 中
的份额按其 GDP 加权后得到的数值来替代。[①]

（3）投资的相对价格（q）。Chirinko 等指出，在短期内投资的相
对价格的提高能引起投资率上升。[②] 在实证分析中，将投资的相对价格
定义为投资品价格与消费品价格之比，数据来自于宾夕法尼亚大学世界

① BAI CHONG-EN, HSIEH CHANG-TAI, QIAN, Yingyi. The return to capital in China [J]
. Brookings Papers on Economic Activity, 2006（2）：61-101.
② CHIRINKO R S, HAAN L D, STERKEN E. Asset price shocks, real expenditures, and
financial structure：a multi - country Analysis [R]. CESifo Working Paper Series, 2004, 2342.

表（The Penn World Table）。由于 2010 年的数据不可得，我们用前三年的移动平均值来代替。

（4）实际利率（r*）。实际利率数据通过名义利率减去通货膨胀率计算得出。名义利率用一年期金融机构贷款基准利率衡量。由于存在一年之内贷款利率多次调整的情况，本章参照张晓慧等的研究，将该年内的贷款利率按照执行天数作了加权平均。① 金融机构贷款基准利率数据来自《中国统计摘要 2012》。

（5）市场扭曲。上面 3 个实证模型的一个突出特征是，考虑了市场扭曲对投资率的影响，这一点对转型期的中国可能尤其重要。例如，国有企业和非国有企业在金融市场融资可能面临较大的成本差异，中央政府和地方政府对企业给予各种补贴，地方保护主义导致区域市场分割等。这些扭曲改变了企业面临的生产要素价格，从而影响企业的投资行为。简泽指出，市场扭曲导致的资源配置对企业和部门的投资率和生产率水平产生了很大的影响。② 对于市场扭曲，本章考虑税收、政府支出和非金钱扭曲三个方面。

①税收（τ_Y）。关于税收的数据主要存在两个方面的问题：一方面，中国的税收政策和税收结构自改革开放以来发生了较大的变化，不同年份数据的统计口径差异较大；另一方面，改革开放初期的相关税收统计数据不完整。鉴于税收是国家财政收入的主要部分，所以用国家财政决算收入占 GDP 的比重来衡量税收，数据来自中经网数据库。

②政府支出（GOVC）。选取国家财政决算支出占 GDP 的比重来衡量政府支出，数据来源于中经网数据库。

③非金钱扭曲用市场化指数（IOM）和开放程度（OPEN）两个指标衡量。改革开放以来，中国经历了从计划经济体制到市场经济体制的改革，利用市场化指数可以反映出政府对市场的干预程度和生产要素市场、产品市场等发育的程度。市场化指数的测度是一项非常复杂的工

① 张晓慧，纪志宏，崔永. 中国的准备金、准备金税与货币控制：1984—2007 [J]. 经济研究，2008（7）：65-77.
② 简泽. 市场扭曲、跨企业的资源配置与制造业部门的生产率 [J]. 中国工业经济，2011（1）：58-68.

程，本章参照董晓宇和郝灵艳采用的方法构造指数。[①] 开放程度使用对外贸易依存度指标，即使用一国当年的进出口贸易总额占该国 GDP 的比重来衡量。[②] 相关数据均来自《中国统计年鉴》。

（6）全要素生产率 A（x）。根据内生增长理论的研究结果，模型 3 假设全要素生产率由人力资本（H）和研究开发支出（Z）决定。对于人力资本，本章使用普通中学在校人数衡量，即 H＝普通中学在校的人数/总人口。研究开发支出也使用比率指标，即 Z＝研究开发支出/GDP，由于 1978—1988 年研究开发支出的数据缺失，本章用 1989—2010 年的数据进行多项式拟合，补充 1978—1988 年期间的数据。[③] 相关数据均从《中国统计年鉴》获得。

此外，实证模型中还涉及折旧率这一指标。国家统计局未公布全国固定资产折旧序列，目前大部分研究都是估计出一个合理的折旧率，如 Young 假设折旧率为 6%，张军等确定的折旧率为 9.6%，而 Perkins、樊纲等以及 Wang 和 Yao 等均假定折旧率为 5%。[④] 本章也采用 5% 的折旧率。

4.3 基于 ARDL 模型的协整检验与实证结果

4.3.1 基于 ARDL 模型的协整检验

为了避免伪回归，需要对变量数据的平稳性进行检验，使用 ADF 与 PP 两种方法的检验结果见表 4-1。综合考虑 ADF 与 PP 两种方法的检验结果，可以确定 $\log\gamma^*$、$\log(r^*+\delta_k)$ 为 I（0）序列，$\log s^*$、$\log$

① 董晓宇，郝灵艳. 中国市场化进程的定量研究：改革开放 30 年市场化指数的测度 [J]. 当代经济管理，2010（6）：8-13.

② QUAH, D, RAUCH J E. Openness and the rate of economic growth [J]. Journal Development of Studies, 1990, 49（2）：307-335.

③ 多项式拟合优度为 $R^2=0.94$。

④ YOUNG A. Gold into base metals: productivity growth in the People's Republic of China during the reform period [R], NBRE Working Paper, 2000, 7856. 张军，吴桂英，张吉鹏. 中国省际物质资本存量估算：1952—2000 [J]. 经济研究，2004（10）：35-44. PERKINS D H. Reforming China's economic system [J]. Journal of Economic Literature, 1998, 26（2）：601-645. 樊纲，王小鲁. 中国经济增长的可持续性——跨世纪的回顾与展望 [M]. 北京：经济科学出版社，2000. WANG Y, YAO Y D. Source of China's economic growth, 1952–99: Incorporation Human Capital Accumulation [R]. World Bank Working Paper, 2001, 2650.

（$Y_{gr}+\delta_k$）、$\log\tau_Y$、logGOVC、logIOM、logOPEN、logq、logH 和 logZ 为 I（1）序列。

表 4-1　　　　　　　　　　单位根检验结果

变量	ADF 检验			PP 检验			平稳性
	ADF 统计量	P 值	检验形式	PP 统计量	P 值	检验形式	
logs	-0.36	0.9044	(c, 0, 8)	-0.80	0.8047	(c, 0, 2)	非平稳
Δlogs	-4.21	0.0025	(c, 0, 6)	-4.25	0.0023	(c, 0, 7)	平稳
log（$Y_{gr}+\delta_k$）	-4.05	0.0032	(c, 0, 1)	-2.74	0.0798	(c, 0, 6)	非平稳
Δlog（$Y_{gr}+\delta_k$）	-5.06	0.0032	(c, 0, 1)	-9.72	0.0000	(c, 0, 28)	平稳
logγ	-4.91	0.0004	(c, 1, 1)	-4.78	0.0048	(c, 1, 31)	平稳
logq	-3.62	0.0112	(c, 0, 1)	-1.96	0.299	(c, 0, 7)	非平稳
Δlogq	-5.12	0.0002	(c, 0, 1)	-3.86	0.0061	(c, 0, 30)	平稳
log（$r^*+\delta_k$）	-4.83	0.0005	(c, 0, 1)	-4.83	0.0005	(c, 0, 1)	平稳
logτ_Y	-1.49	0.5278	(c, 1, 1)	-1.62	0.7629	(c, 1, 1)	非平稳
Δlogτ_Y	-3.29	0.0874	(c, 1, 1)	-3.75	0.0635	(c, 1, 8)	平稳
logGOVC	-2.59	0.1041	(c, 0, 1)	-1.87	0.3436	(c, 0, 3)	非平稳
ΔlogGOVC	-2.63	0.098	(c, 0, 1)	-2.71	0.098	(c, 0, 2)	平稳
logIOM	-1.26	0.6361	(c, 0, 1)	-1.30	0.6171	(c, 0, 1)	非平稳
ΔlogIOM	-6.51	0.0000	(c, 0, 1)	-6.37	0.0000	(c, 0, 3)	平稳
logOPEN	-2.38	0.1561	(c, 0, 1)	-2.29	0.1805	(c, 0, 1)	非平稳
ΔlogOPEN	-3.69	0.0094	(c, 0, 1)	-3.52	0.0140	(c, 0, 3)	平稳
logH	-2.07	0.2588	(c, 0, 1)	-1.80	0.3761	(c, 0, 4)	非平稳
ΔlogH	-2.47	0.0154	(0, 0, 1)	-2.65	0.0629	(0, 0, 8)	平稳
logZ	-1.53	0.7985	(c, 1, 1)	-1.58	0.7789	(c, 1, 1)	非平稳
ΔlogZ	-5.18	0.0011	(c, 1, 1)	-5.18	0.0011	(c, 1, 1)	平稳

注：表中 ADF 检验形式（c，1，k），其中 c 表示常数项，1 表示趋势项（0 表示没有趋势项），k 表示滞后阶数。PP 检验形式（c，1，n），其中 c 表示常数项，1 表示趋势项（0 表示没有趋势项），n 表示由 Newey-West（using Bartlett kernel）修正设定的带宽。

由于变量不同阶，因此本章使用 Charemza 和 Deadman 最早提出的自回归分布滞后（ARDL）协整方法进行估计。[①] 相对于传统的协整检验方法，ARDL 模型的优点在于：一是对变量的平稳性要求不那么严格，无论变量是否同为 I（0）或 I（1），都可以用 ARDL 模型的单边检验来判断各经济变量之间是否存在长期关系；二是 ARDL 对小样本的时间序列分析和估计比标准协整检验的结果更准确；[②] 三是即使解释变量为内生变量，ARDL 模型估计的结果也不会受到影响。只有确定了所估计的变量之间的协整关系确实存在时，才能应用该模型进行估计。本章通过边界检验方法进行协整检验，即首先计算 ARDL 模型中的误差修正表达式中滞后水平变量联合显著性 F 统计量，然后与 Pesaran 给出的临界值进行比较，以判断长期关系是否存在。在进行 ARDL 检验之前，需要对模型的滞后阶数进行选择。虽然误差修正模型可以加入较多的滞后变量，但是这会降低模型的自由度。因此，本章根据 AIC 和 SIC 信息准则确定 3 个模型的滞后阶数均为 2，检验结果见表 4-2。

从表 4-2 可以看出，ARDL 模型边界检验中 F 统计量均超过了 1% 水平下的临界值上界，因此可以拒绝变量之间不存在长期关系的原假设。

表 4-2　　　　　　　　　ARDL 模型边界检验结果

	显著性水平	1%		5%		10%	
F 统计量临界值	单整阶数	I（0）	I（1）	I（0）	I（1）	I（0）	I（1）
	临界值	2.54	3.86	2.06	3.24	1.83	2.94
F 统计量	模型 1	8.52					
	模型 2	5.41					
	模型 3	3.91					

注：临界值来源于 Pesaran et al.（2001）。

4.3.2　ARDL 模型长期关系系数估计及结果分析

根据 SBC 标准选择最优滞后阶数，可以估计出 ARDL 模型的长期

---

① CHAREMZA W W, DEADMAN D F. New directions in econometric analysis [M]. Oxford: Oxford University Press, 1997.
② PESARAN M H, SHIN Y, SMITH R J. Bounds testing approaches to the analysis of level relationships [J]. Journal of Applied Econometrics, 2001, 71（16）: 289-326.

关系估计系数，结果见表4-3。

表4-3 ARDL 模型的长期关系估计系数

解释变量	被解释变量：logs*		
	模型1	模型2	模型3
log（$Y_{gr}+\delta_k$）	0.506 (2.646***)	0.275 (2.243**)	0.276 (2.569***)
logγ*	0.342 (1.228)		
logτ_Y	2.758 (1.193)	3.475 (1.631*)	2.802 (1.662*)
logGOVC	0.725 (1.438*)	0.849 (1.869**)	0.601 (1.506*)
logIOM	−0.103 (−0.881)	0.213 (1.874**)	0.029 (1.308*)
logOPEN	0.238 (2.333**)	−0.039 (−0.338)	−0.195 (−1.414*)
log（$r^*+\delta_k$）	−0.066 (−0.562)	−0.050 (−0.457)	−0.474E-3 (−0.005)
logq		1.624 (2.815***)	1.328 (2.415**)
logH			−0.030 (−0.136)
logZ			0.201 (1.417*)

注：*、**、*** 分别代表在 10%、5% 和 1% 水平下显著。

就模型1而言，收入增长率与投资率正相关且在统计上显著（模型2和模型3的结果也是如此），这说明收入增长率是影响投资率的重要因素。正如汪同三等指出的，城镇居民收入增长率的提高对重工业和轻工业两部门的投资都产生了正向影响。① 资本收入份额的回归系数在统计上不显著，这一结果与 GARCÍA-Belenguer 和 Santos 的结果相吻合，该研究发现无论是 OECD 还是非 OECD 国家的投资率都与资本收入份额无关。② 税收对投资率的影响是正的，但在统计上不显著（而在模型 2 和模型 3 中，该系数均在 10% 的水平上显著），说明这种正相关关系并不稳健。政府支出对投资率具有正的影响，且在 10% 的水平上显著（在模型 2 和模型 3 中也都显著）。投资包括政府主导型和市场主导型。在中国，由政府支出引导的前者一直在固定资产投资中占据相当比例。一方面，很多学者的研究已经发现，中国过度投资的根源在于政府主导型投资过热。③ 另一方面，陈浪南等也指出，政府公共支出的增加对私人投资还具有"挤入效应"。④ 上述两方面因素的叠加效应使得政府支出增加导致投资增加。市场化指数与投资率负相关，但其系数在统计上不是显著的（而在模型 2 和模型 3 中，该系数分别在 5% 和 10% 的水平上显著且与投资率正相关）。这个结果在某种程度上印证了投资率与政府支出之间的正相关关系，即市场化程度提高同时也意味着政府对投资活动干预的减少。开放程度指标与投资率正相关且在 5% 的水平上显著（但在模型 2 中其系数为负且在统计上不显著，在模型 3 中其系数为负且在 10% 水平上显著），结果也不具有稳健性。实际利率和投资率负相关，但其系数在统计上不显著（该系数在模型 2 和模型 3 中也同样不显著），这意味着经济中的实际利率并不能反映企业的融资成本，从另一个侧面验证了韩立岩和王哲兵得出的微观投资低效率的结论。⑤

模型 2 着重考察了投资的相对价格与投资率的关系。相对价格 q 的系数为正且在 1% 的水平上显著，表明投资的相对价格与投资率正相

① 汪同三，蔡跃洲. 改革开放以来收入分配对资本积累及投资结构的影响 [J]. 中国社会科学，2006（1）：4-14.
② GARCÍA-BELENGUER F, SANTOS M S. Investment rates and the aggregate production function [R]. University of Miami, Department of Economics, Working Papers, 2011, 3.
③ 徐传谌，齐树天. 政府主导型投资：结果与原因 [J]. 吉林大学社会科学学报，2006（6）：29-35. 徐滇庆. 经济过热与危机意识 [EB/OL]. (2004-09-24). http://www.china-review.com/sao.asp? id=6021. 段延锋. 政府主导的投资拉动经济增长模式之利弊分析 [J]. 电子商务，2010（3）：14-16.
④ 陈浪南，杨子晖. 中国政府支出和融资对私人投资挤出效应的经验研究 [J]. 世界经济，2007（1）：49-59.
⑤ 韩立岩，王哲兵. 我国实体经济资本配置效率与行业差异 [J]. 经济研究，2005（1）：77-84.

关。这一结果暗示，在中国的投资品市场中，需求冲击主导了市场波动。其中的逻辑是，投资变动引致投资品需求的同向变动，进而引致投资的相对价格的同向变动。这进一步意味着，在投资率和投资的相对价格之间，是前者的变动左右后者的变动，反之则不成立。

模型 3 引入了人力资本和研究开发支出两个变量，考察有助于提升全要素生产率的知识投资对固定资产投资的影响。就理论而言，这些投资的增加将提高资本的边际生产率，从而刺激固定资产投资增加。实证结果表明，研究开发支出对投资率有正的影响，其系数在 10% 的水平上显著，但是人力资本存量的系数在统计上不显著，表明人力资本不是影响中国投资率的主要因素。

4.3.3 ARDL-ECM 模型估计及结果分析

为了进一步考察各因素对投资率的短期影响，可以针对上述 3 个模型分别构建误差修正模型（ECM），估计结果见表 4-4。

表 4-4 ARDL-ECM 模型估计结果

解释变量	被解释变量：$\Delta \log s^*$		
	模型 1	模型 2	模型 3
$\Delta \log (Y_{gr}+\delta_k)$	0.072 (2.021**)	−0.002 (−0.068)	−0.019 (−0.491)
$\Delta \log \gamma$	0.142 (1.167)		
$\Delta \log \tau_Y$	1.143 (1.533*)	1.262 (2.162**)	1.231 (2.074**)
$\Delta \log GOVC$	0.300 (1.972**)	0.308 (2.599***)	0.395 (0.212)
$\Delta \log IOM$	0.212 (1.899**)	0.077 (1.907**)	0.092 (1.353*)
$\Delta \log OPEN$	−0.039 (−0.687)	−0.014 (−0.349)	−0.086 (−1.451*)

续表

解释变量	被解释变量：$\Delta\log s^*$		
	模型1	模型2	模型3
$\Delta\log(r^*+\delta_k)$	0.027 （0.574）	−0.018 （−0.453）	−0.208E−3 （−0.005）
$\Delta\log q$		0.590 （4.210***）	0.583 （2.770***）
$\Delta\log H$			−0.133 （−0.137）
$\Delta\log Z$			0.088 （1.336*）
ECM（−1）	−0.414 （−3.173***）	−0.363 （−3.679***）	−0.439 （−4.166***）
R-squared	0.71	0.75	0.79
F-statistic	6.11	8.26	7.25

注：*、**、***分别代表在10%、5%和1%水平下显著。

表4-4的估计结果给出了投资率及其影响因素的动态关系。结果显示，在短期内，投资率的波动与收入增长率、税收、政府支出、市场化程度、投资的相对价格和研发支出的短期波动存在相关性。其中，值得关注的变量是，税收的短期波动对投资率的短期波动具有积极影响，且三个模型的估计系数均统计显著；在短期内，政府支出的波动与投资率波动具有显著的正效应（模型1和模型2分别在5%和1%水平上显著）；市场化指数的短期波动对投资率的波动具有正相关性，三个模型均统计显著，此结果与长期估计结果不同，可能原因是，在短期内政府对市场干预的减少使得民间私人投资短期内增加，但是这种增加不是可持续性的；投资的相对价格和研发支出的短期波动依旧对投资率具有显著的影响，此结果与长期估计结果具有一致性。

此外，三个模型的误差修正项均为负数，且均在1%水平下显著，说明误差修正项对投资率的波动具有一定的反向调节作用。

4.3.4 模型的稳定性检验

为了检验模型设定的可靠性，本章利用递归残差的累计和（CUSUM）与递归残差的平方累计和（CUSUM SQ）对参数稳定性进行检验，两条直线之间的区域代表95%的置信区间，结果如图4-1、图4-2、图4-3所示。从检验结果可以看出，三个模型的递归残差的CUSUM与CUSUM SQ的曲线变化都位于两条直线范围内，表示均在5%的显著性水平上稳定，估计结果可靠。

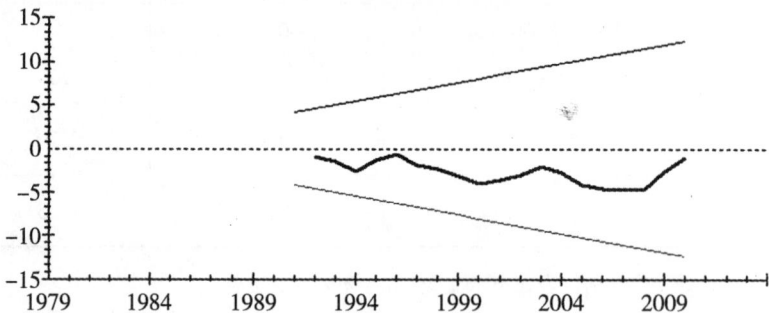

图4-1a 模型1的CUSUM检验结果

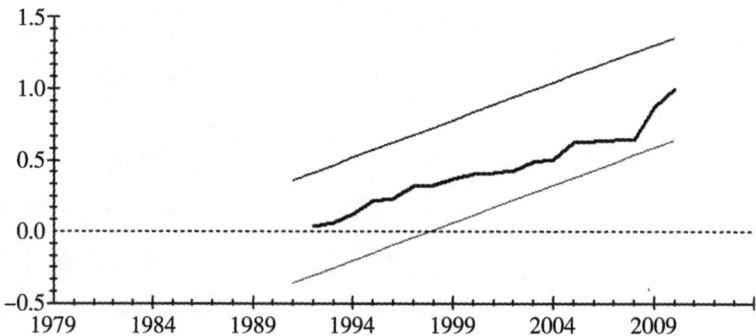

图4-1b 模型1的CUSUM SQ检验结果

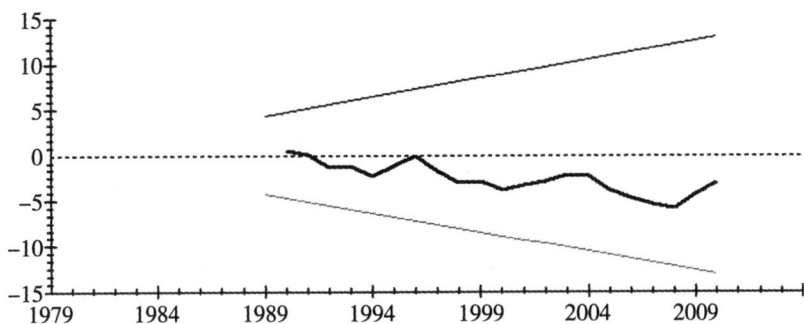

图 4-2a　模型 2 的 CUSUM 检验结果

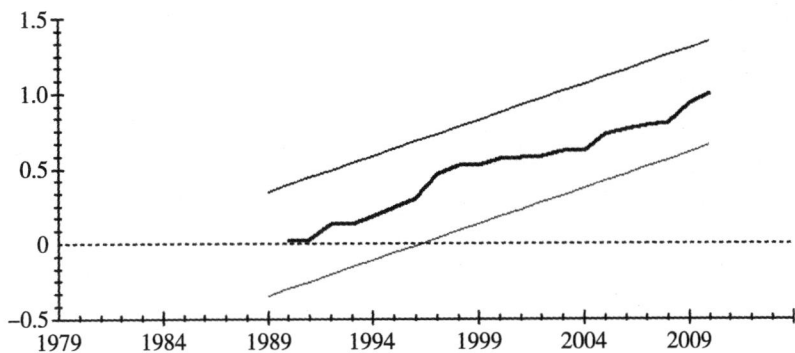

图 4-2b　模型 2 的 CUSUM SQ 检验结果

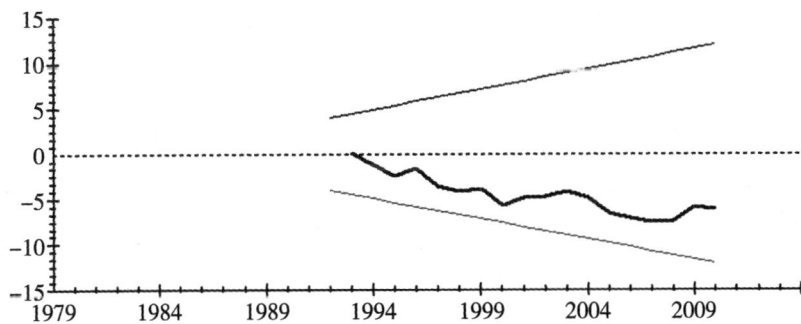

图 4-3a　模型 3 的 CUSUM 检验结果

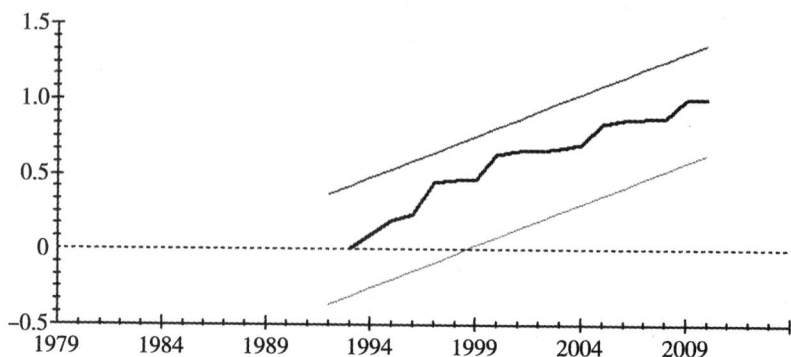

图4-3b 模型3的 CUSUM SQ 检验结果

4.4 结论与政策建议

改革开放以来，中国的投资率持续高位运行，并且明显高于其他市场经济国家，本章旨在对这一现象提供一个基于结构模型的解释。研究结果表明，在长期，收入增长率、投资的相对价格、政府支出和研究开发支出等因素与投资率密切相关；在短期，投资率的波动与收入增长率、税收、政府支出、市场化程度、投资的相对价格和研发支出的波动存在相关性。

为了提高经济增长质量和投资效率，有必要采取措施控制投资率进一步攀升。在上述因素中，投资的相对价格和研究开发支出难以成为政策的着力点。前者更多地受投资率影响而非影响投资率；后者对于提高生产率具有重要作用，通过紧缩后者来降低投资率显然不可取。为此，政策必须着眼于另外两个因素：

第一，应适当降低经济增长速度。作为一个发展中大国，中国必须保持一定的经济增长速度，如此方能有利于解决经济社会发展中出现的各种问题。但是，以大规模资源投入（特别是大规模固定资产投资）驱动的高速经济增长同样具有高额成本。基于实证结果，可以通过适当降低经济增长速度使投资率水平回落。

第二，应控制财政支出规模，逐步减少政府主导型投资。一是要明确界定政府主导型投资的边界，把政府投资重点更多地转到农村基础设施以及科教文卫等公益性项目的建设上来。二是要整顿地方融资平台，控制银行对地方政府及其担保项目的贷款规模和增速，尤其要加强对房地产行业的调控。三是要转变地方政府职能，减少其对投资领域的过度干预，尽可能避免低水平重复建设和盲目建设。

第 5 章　中国投资率的合理区间

改革开放以来，中国的投资率一直保持在较高的水平上，并且还有继续上升的趋势。中国投资规模持续增长所带来的负面影响已越来越严重，如部分行业产能过剩加剧了内需不足和出口压力、为维持高投资率所需的低利率政策加剧了资产价格泡沫和通货膨胀压力、政府和国企主导的大规模投资加剧了地方债务风险和金融系统风险。不仅如此，企业投资还面临着原材料和能源价格上涨、劳动力成本上升、技术升级改造投入加大、低碳等环保标准提升等压力。同时，中国经济转型尚未结束，仍需要通过扩大投资规模来保持较快的经济增长速度和较高的就业率。因此，如何确定合理的投资规模，使其既有利于促进经济增长和创造就业，又不会大幅加剧产能过剩、通胀压力、债务风险和金融风险等，就变得尤为关键。

5.1　投资效率约束下的中国合理投资率

近些年，随着中国经济发展进入新的阶段，投资率与投资效率的关系也在发生变化。中国投资率与投资效率所处关系状态，以及在投资效率约束下的中国投资率合理区间，均需要结合历史视角和国际视角来重新考察。

5.1.1 投资率与投资效率发展趋势相关性分析

（1）改革开放以来中国投资率与投资效率历史走势分析

本章用资本形成总额占 GDP 的比重（用 INVR 来表示）来衡量投资率，用资本形成总额与增量 GDP 之比（即增量资本产出比率 ICOR）来衡量投资效率。[①] 前者为正向指标，即指标值越大，表明投资率越高；后者为负向指标，即指标值越大，表明投资效率越低。从这两个指标来看，改革开放以来，中国投资率总体上呈不断上升的趋势，但是投资效率总体上有所降低（如图 5-1 所示）。

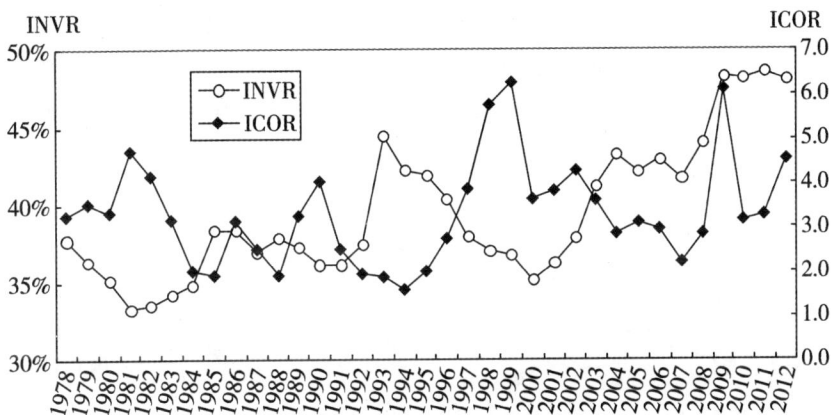

图 5-1　中国投资率与投资效率（1978—2012 年）

资料来源　根据中经网统计数据库数据计算与绘制．

分阶段来看，中国投资率与投资效率经历了三次比较明显的波动期。一是 1978—1985 年，投资率先降后升，1981 年为波谷；投资效率也是先降后升，1981 年为波谷。二是 1986—1993 年，投资率与投资效率都经历了先期较为平缓并略有下降，后期快速提升的发展趋势。二是 1994—2012 年，这是波动周期最长同时趋势也比较明显的阶段。投资率先是不断降低（1994—2000 年），后又不断提高（2001—2012 年），

---

① ICOR 的经济含义是指每增加单位总产出所需要的资本增量，反映的是投资与经济增加值之间的比例关系。用公式表示为：ICOR=INV/ΔGDP。INV 为投资额，ΔGDP 为 GDP 增长额。ICOR 的倒数是资本边际生产率，即每单位投资带来的产出增加量。

2009 年之后一直维持在 48% 以上的高位水平。同时在此阶段，投资效率先快速降低（1994—1999 年），后明显提升（2000—2007 年），2008 年之后投资效率又有所降低。

纵观改革开放以来中国投资率与投资效率的走势，在前两个阶段及第三阶段的 2008 年之前，两者的发展趋势基本相同，即投资率与投资效率同降同升。但在 2009 年之后，中国投资率与投资效率出现明显相反的发展趋势，即投资率维持在较高水平，同时投资效率明显下降。

（2）中国投资率与投资效率发展趋势的国际比较分析

本章选取五个发达国家（法国、德国、日本、英国、美国）和五个新兴市场国家（印度、巴西、南非、印度尼西亚、俄罗斯）作为比较样本，对中国投资率与投资效率发展趋势进行国际比较分析。

从投资率来看，1978—2012 年，中国投资率在样本国家中一直是最高的（如图 5-2 所示）。发达国家的投资率走势总体上是不断降低的，这与中国投资率的走势正好相反，中国与发达国家的投资率差距越来越

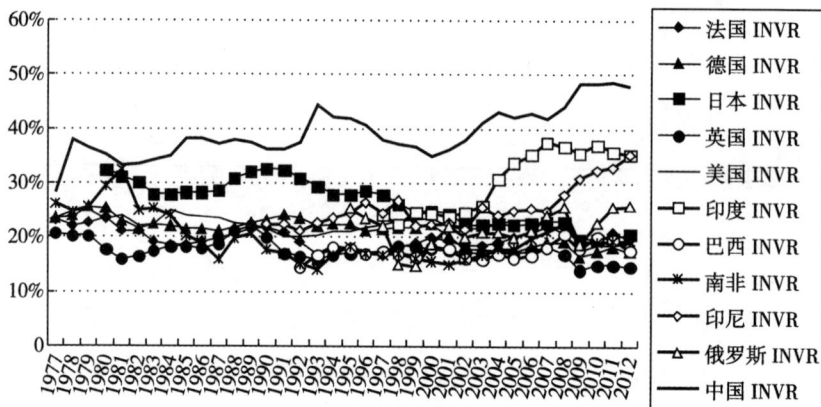

图 5-2　中国与其他国家投资率比较（1978—2012 年）

资料来源　根据中经网统计数据库数据计算与绘制.

大。2000 年以来，新兴市场国家投资率也呈逐渐提高的趋势，与中国的发展趋势相似，但投资率的值与中国相比仍相去甚远。从投资效率来看，1978—2012 年，中国投资效率与发达国家相比是较高的，但与新兴市场国家相比是较低的（如图 5-3 所示）。因此，若仅与发达国家相比，中国投资效率仍有一定的下调空间。在发达国家中，日本的投资效

率最差，美国和英国的投资效率相对较好。在新兴市场国家中，俄罗斯的投资效率相对较好。2008 年国际金融危机之后，中国和样本国家普遍出现了投资效率下降的趋势。尤其是 2009 年，样本国家的 ICOR 值要么大幅提升（多为新兴市场国家），要么为负值（多为发达国家）。

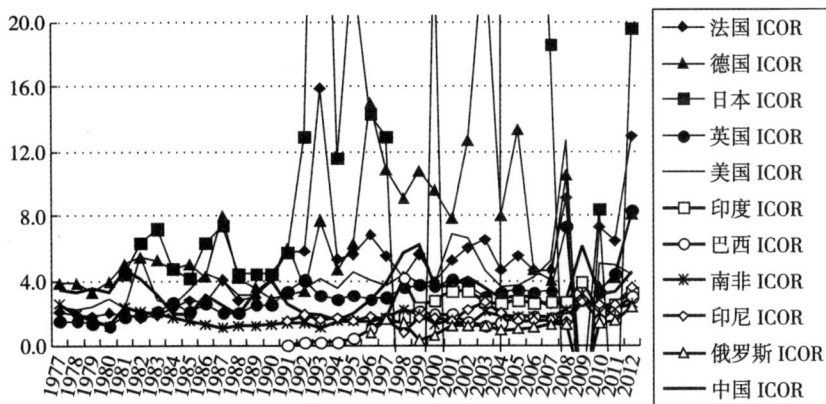

图 5-3　中国与其他国家投资效率比较（1978—2012 年）

资料来源　根据中经网统计数据库数据计算与绘制.

5.1.2　投资率与投资效率关系实证分析

（1）模型构建

理论上而言，投资率与投资效率之间必然存在着一定的关系。在投资率较低时，投资率与投资效率同升同降（如中国 2008 年之前的投资率与投资效率同步走势），可推断投资率与投资效率具有一定的正相关关系。但随着投资率逐渐提高，投资边际报酬递减，即当投资率达到一定高度之后，投资效率不再随之提高，而是逐渐降低。这时，投资率与投资效率又具有一定的负相关关系。从中国的情况来看，学术界和官方普遍认为，中国投资率已经偏高，国际比较分析的结果也证实了这一点。高投资率带来的部分产业产能过剩、资源消耗过大、环境恶化等问题已经非常严重。同时，近些年中国投资率的提高并没有带动投资效率上升，而是出现了明显下降。因此，可以假设，中国投资率与投资效率之间的关系是非线性的。

根据该假设，建立两者之间的非线性回归方程如下：

$$1/ICOR = a_1 + a_2 INVR + a_3 INVR^2 + \varepsilon \tag{5-1}$$

其中，$1/ICOR$ 为 ICOR 的倒数，为正向指标，用以衡量投资效率；INVR 为投资率；ε 为残差项。

（2）实证检验

为了对模型（5-1）进行检验，本章选取中国 1978—2012 年相关变量的数据对其回归分析，相关估计结果由计量经济软件Eviews 6.0 给出。

①平稳性检验。采用 ADF 方法来检验 ICOR 和 INVR 两个变量的时间序列数据的平稳性（以 5% 的显著性水平对应的 t 统计值为临界值）。结果显示，ICOR 和 INVR 均为一阶单整变量（见表5-1）。

表5-1　　　　　　　　　　　平稳性检验结果

变量	检验形式（c, t, k）	ADF 统计值	5%临界值	p 值	平稳阶数
ICOR	（c, t, 0）	−3.342	−3.548	0.077	不平稳
INVR	（c, t, 0）	−2.284	−3.548	0.431	不平稳
ΔICOR	（0, 0, 1）	−6.195	−1.952	0.000	平稳
ΔINVR	（0, 0, 0）	−4.889	−1.951	0.000	平稳

注：ADF 检验形式（c, t, k）分别表示单位根检验方程包括常数项、趋势项和滞后阶数，0 指不包括 c 和 t。

②回归分析。将 ICOR 和 INVR 两个变量 1978—2012 年的数据代入模型（5-1），利用普通最小二乘法（OLS）进行回归检验，得出中国投资率与投资效率的非线性回归方程如下：

$$1/ICOR = -4.148 + 21.953 \times INVR - 26.503 \times INVR^2 \tag{5-2}$$
$$(-2.547) \quad (2.741) \qquad\quad (-2.719)$$
$$R^2 = 0.193 \quad F = 3.817 \qquad D-W = 0.840$$

其中，方程（5-2）的平方项系数和一次方项系数分别通过了显著性水平为1%和5%的 t 检验。根据方程（5-2），INVR 平方项的系数为负值，可知 $1/ICOR$ 与 INVR 之间的关系曲线呈先升后降的"倒 U 形"。这说明，在投资率较低时中国投资率与投资效率大致呈正相关关系；当投资率高过临界值时，投资率与投资效率大致呈负相关关系。这与中国投资率与投资效率的历史走势相符。

③因果关系分析。利用格兰杰因果关系检验方法，来分析 ICOR 和 INVR 之间的因果关系。结果显示，当滞后期为 3 时，"投资率不是投资效率的格兰杰成因"的原假设在 95% 的置信水平上被拒绝，而"投资效率不是投资率的格兰杰成因"的原假设不能被拒绝。这表明，中国投资率是投资效率的格兰杰成因，在两者关系上，主要是投资率在影响着投资效率。

（3）结果分析

对方程（5-2）回归后的残差项进行平稳性检验发现，残差项原序列不存在单位根。这说明，1/ICOR 与 INVR 之间具有一定的协整关系，那么，方程（5-2）的各变量系数具有一定的经济意义。假定其他影响因素不变，利用方程（5-2）可求得，当 INVR 值为 0.414 时，投资效率 1/ICOR 处于最优值 0.398（ICOR 为 2.513）；当投资效率为零时（1/ICOR = 0），INVR 的两个解分别为 0.292 和 0.537。该结果表明，当投资率为 41.4% 时，投资效率处于最优状态；在投资效率约束下，即至少在投资效率为正值的条件下，中国投资率的合理区间为（29.2%，53.7%）。尽管这个结果并不能精确地和全面地决定投资率与投资效率的关系，但大致上可看出，中国目前 48% 以上的投资率已经越过了投资效率最优值所需的水平，继续提高投资率会使投资效率进一步下降。

5.1.3　结论与政策建议

通过对中国投资率与投资效率关系的分析可以总结出如下结论：

一是改革开放以来的多数时间里，中国投资率与投资效率多数时间里呈同升同降的发展趋势，这在一定程度上表明中国投资率与投资效率具有一定的正相关性。但在 2009 年之后，中国投资率与投资效率出现明显的背离趋势，又说明两者之间关系并不是单一的线性关系。

二是从国际视角来看，中国的投资率与样本国家相比一直较高。同时，投资效率高于发达国家，但低于新兴市场国家。

三是通过建立非线性模型估计得出，中国投资率与投资效率存在先升后降的"倒 U 形"关系。因果关系检验结果表明，投资率是投资效率的格兰杰成因。根据方程（5-2）的计算结果，中国目前的投资率已经超过了使投资效率处于最优值的水平，投资率的升高会使投资效率进一步下降。

虽然从现实情况看，与发达国家相比中国投资效率有一定下调空间，但是目前投资率的水平已接近合理区间的上限。投资率如果继续升高不仅会降低投资效率，而且会进一步加剧经济失衡、金融风险、资源紧张和环境恶化等。

因此，现阶段中国应该继续采取有力措施，合理调控投资率，促进投资效率的提升。一方面，中国应利用转变经济增长方式的有利时机，适当降低投资率，大力清理落后产能和激活过剩产能，盘活存量资本；另一方面，在投资率下调阻力较大和投资效率尚有一定下调空间的情况下，可允许投资率小幅上升，但同时必须着力优化投资结构，鼓励投资更多地流向战略性新兴产业和高新技术产业，依靠科技创新和提高生产率来从根本上提升投资效率。

5.2 经济增长目标约束下的中国合理投资率

5.2.1 基于灰色理论的中国投资率下限分析

投资规模与一国经济总量（GDP）之间存在相互影响、相互制约的关系。在研究过程中，通过投资规模和 GDP 的统计数据计算出投资率是很容易的，但是对于一定规模的投资是如何转化成经济产出的，以及经济产出又是如何影响投资规模等问题无法准确描述。对于这种"部分信息已知，部分信息未知"的不确定系统，可以利用灰色理论加以研究。①

灰色理论是由邓聚龙于 1982 年提出的，② 其特点就是利用少量数据建模，G（1，N）就是其中的一种状态分析模型，可以反映 n 个变量对于因变量一阶导数即变化率的影响。设数列 $X^0 =$

---

① 邓聚龙. 灰色系统：社会·经济［M］. 北京：国防工业出版社，1985.
② DENG J L. The control problems of grey systems［J］. Systems & Control Letters，1982
（5）：288-294.

$\{X^0(1), X^0(2), \cdots, X^0(n)\}$ 有 n 个观测值，通过累加形成单调递增的平稳和有规律的数列，生成新序列记为：

$$X^1 = \{\sum_{t=1}^{1} X^0(t), \sum_{t=1}^{2} X^0(t), \sum_{t=1}^{3} X^0(t), \cdots, \sum_{t=1}^{n} X^0(t)\} \tag{5-3}$$

考虑 $X_2, \cdots, X_n$ 对 X_1 的影响，建立微分方程为：

$$\frac{dx_1^1}{dt} + ax_1^1 = b_1 x_2^1 + b_2 x_3^1 + \ldots + b_{n-1} x_n^1 \tag{5-4}$$

其中，a 为发展灰数，b 为内生控制灰数。

本章基于灰色理论模型建立两个变量的 G（1，2）模型，即一阶、二变量的灰色系统模型。当模型中涉及 GDP 和投资规模两个变量时，分别用 X_1 和 X_2 表示。投资率是一个灰数，暂时还不能确定。投资规模是 GDP 的影响因素之一，反过来，GDP 又会影响投资规模，因而两者之间存在正反馈的关系。根据这个关系可得到一个灰色系统的网络模型图，如图5-4所示。

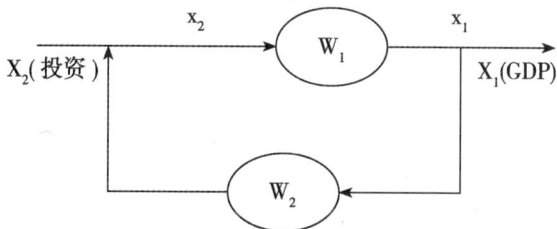

图5-4　灰色系统的网络模型图

其中，W_1 为从投资到 GDP 的传递函数，W_2 为 GDP 到投资的反传递系数。

根据微分方程（5-4）可得关于投资规模和 GDP 的微分方程：

$$\frac{dx_1^1}{dt} + ax_1^1 = bx_2^1 \tag{5-5}$$

其中，x_1^1、x_2^1 分别表示 GDP 和投资规模的一次累加序列。

将（5-5）式进行拉普拉斯变换可得如下等式：

$$sx_1^1(s) + ax_1^1(s) = bx_2^1(s) \tag{5-6}$$

设从 x_2 到 x_1 的传递函数为 $W_1(s) = \dfrac{x_1^1(s)}{x_2^1(s)}$，根据（5-6）式，得到：

$$W_1 (s) = \frac{x_1^1 (s)}{x_2^1 (s)} = \frac{b}{(s+a)} \tag{5-7}$$

可以通过软件 Matlab 计算得出微分方程（5-5）中 a 和 b 的值，进而可以得到关于传递函数的表达式。其中，GDP 变量的数据为按收入法计算的国内生产总值，投资规模数据为全社会固定资产投资额，样本区间为 1978—2011 年，数据均来源于相关年份的《中国统计年鉴》。计算结果显示，a 和 b 的值分别为：a＝0.14401，b＝0.03417。

根据（5-7）式，可以得到：

$$W_1 (s) = \frac{0.03417}{s+0.14401} \tag{5-8}$$

此时，网络图可以描述如下，如图 5-5 所示。

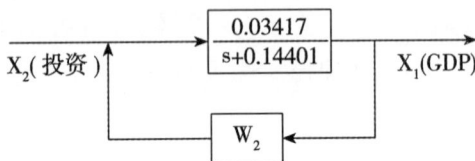

图 5-5 网络图

假设未知的总传递函数为 G（s），根据传递函数及反馈原理，整个系统的总传递函数为：

$$G (s) = \frac{W_1 (s)}{1-W_2 \times W_1 (s)} \tag{5-9}$$

将（5-8）式结果代入（5-9）式可得：

$$G (s) = \frac{\dfrac{0.03417}{s+0.14401}}{1-W_2 \times \dfrac{0.03417}{s+0.14401}} = \frac{0.03417}{s+0.14401-0.3417 \times W_2}$$

该方程的特征多项式为：

$$f (s) = s+0.03417-0.14401 \times W_2 \tag{5-10}$$

当 0.03417－0.14401×W_2≥0，即 W_2≥23.7%时，f（s）有正实根，此时系统的发展指数为正，且呈指数增长趋势；反之，当 W_2<23.7%时，f（s）存在复数根，系统呈指数衰减趋势，有能量保守的特性。

在投资规模和总产出 GDP 的两变量 G（1，2）模型中，反传递系数 W_2 可以看作投资与 GDP 的比值，即投资率。W_2≥23.7%，即投资率不小于 23.7%，是保证中国经济系统持续、稳定增长趋势的必要条件。

因此，从中国改革开放以来的投资与 GDP 灰色系统的运行状态来判断，理论上而言，中国合理投资率的下限应为 23.7%。

5.2.2 基于经济增长目标的合理投资率分析

理论上而言，随着投资规模的持续增长，会出现"投资回报递减"，即投资效率下降。反映投资效率的一个经济指标是增量资本产出率（ICOR），即每增加 1 单位的国民生产总值所需要的投资额。

设投资率为 INVR，即：

$$INVR = I/G \tag{5-11}$$

可将（5-11）式进行如下变形：

$$INVR = \frac{I_t}{G_t - G_{t-1}} \times \frac{G_t - G_{t-1}}{G_t} = \frac{I_t}{G_t - G_{t-1}} \times \frac{G_t - G_{t-1}}{G_{t-1}} \times \frac{1}{\frac{G_t - G_{t-1}}{G_{t-1}} + 1} \tag{5-12}$$

从式（5-12）可以看出，$\dfrac{I_t}{G_t - G_{t-1}}$ 是增量资本产出比率的计算公式，则可表示为 $ICOR = \dfrac{I_t}{G_t - G_{t-1}}$；设经济增长率为 g，则 $g = \dfrac{G_t - G_{t-1}}{G_{t-1}}$。那么，式（5-12）就可变为如下形式：

$$INVR = ICOR \times g \times \frac{1}{g+1} \tag{5-13}$$

从公式（5-13）可以看出，当经济增长率既定时，INVR 与 ICOR 具有一定的正相关关系，即投资率越高，每增加一单位 GDP 所需耗费的投资就越多；当 ICOR 既定时，经济增长率越高，所需的投资率也越高。根据历史经验和宏观经济政策，ICOR 和经济增长率都是存在局限值的，因此，可以根据投资率与这两个变量之间的关系，来确定投资规模的合理区间。

从历史数据来看，1978 年至今，中国 ICOR 值总体上呈上升趋势（如图 5-1 所示）。从近期来看，中国 ICOR 值处于 4~5 之间。但在历史上每当需要应对国际性经济危机时，ICOR 值都会迅速增大（如 2009 年超过了 6）。目前，世界经济仍深受国际金融危机的后续影响，欧洲主权债务危机仍非常严峻，而且中国经济增长速度也有所放缓。在这种经济背景下，中国的 ICOR 区间很可能提高，使其上限提高至 6 左右，即近期 ICOR 值处于 4~6 之间。同时，中国已经进入中高速增长阶段，国家宏观经济政策的主基调是稳增长和调结构。李克强总理指出，为了保证最低限度的就业率，以及实现居民收入到 2020 年翻番的目标，经济增长率至少应在 7.2% 以上。[①] 同时，为了降低通货膨胀压力和防范地方债务风险，未来几年经济增速将控制在 8% 以下。那么，据此判断，g 的取值处于 0.072~0.08 之间。因此，根据公式（5-13），可以计算出中国投资率合理区间为 26.9%~44.4%。

5.2.3 结论与政策建议

从现状分析和国际比较来看，中国的投资率已经处于过高的状态。基于灰色理论的分析表明，在投资率不低于 23.7% 时，中国投资与 GDP 构成的灰色系统才会保持稳定增长的状态；反之，该经济系统将具有能量保守的特点，不能维持经济的正常增长水平。随着投资规模增大，投资效率会出现下降趋势，因此投资效率对投资规模也会产生一定的约束作用。根据中国投资率与投资效率、经济增长目标之间的关系，可计算出在经济增长目标区间和投资效率波动区间的约束下，中国投资率的合理区间为 26.9%~44.4%。这个区间处于灰色理论模型确定的中国投资率下限之上，因而可保证经济系统的稳定增长。2009 年以来，中国实际投资率超过了 48%，已经突破了该合理投资率区间的上限，这说明中国投资率需要进行向下调整。因此，今后一段时期，中国在保证完成既定经济增长目标的前提下，应加大降低投资率的力度，使其回归到合理投资区间之内，既发挥其提高投资效率的作用，又发挥其促进经济高质量增长的作用。

---

① 李克强. 在中国工会第十六次全国代表大会上的经济形势报告［EB/OL］. （2013-11-04）. http://www.workercn.cn/16da/28208/201311/04/131104072037727.shtml.

第6章　中国投资波动与经济周期波动

经济周期理论一般将经济运行的周期性波动划分为短周期（主要与存货投资的变化有关，平均波长 3～4 年）、中周期（主要与设备投资有关，平均波长 7～8 年）、中长周期（主要与基础设施建设、产业结构升级和技术进步有关，平均波长 15～25 年）和长周期（主要与引致产业革命的技术进步和革新有关，平均波长 50～60 年）四种类型。可见，从短周期到中长周期，固定资产投资与经济周期的波动形态均有较密切的关系。

固定资产投资的强波动性始终是中国经济周期波动的重要经验特征。[①] 那么，固定资产投资波动究竟如何影响中国的经济增长和经济周期波动呢？其是否具有降低经济增长的"减损效应"和加剧经济周期波动的"波动溢出效应"？[②] 对上述问题的回答，不仅能够为深入认识中国转型经济的经济周期特征提供理论依据，而且有利于政府通过制定合理的投资政策，推动中国经济的长期可持续发展。

---

① 陈昆亭，周炎，龚六堂. 中国经济周期波动特征分析：滤波方法的应用 [J]. 世界经济，2004（10）：47-56. 吕光明，齐鹰飞. 中国经济周期波动的典型化事实：一个基于 CF 滤波的研究 [J]. 财经问题研究，2006（7）：3-10.

② 刘金全. 投资波动性与经济周期之间的关联性分析 [J]. 中国软科学，2003（4）：30-35.

6.1 实证模型和数据

6.1.1 H-P 滤波方法和 GARCH 模型

本章将使用 Hodrick 和 Prescott 提出的 H-P 滤波对 GDP 增长变量和固定资产投资变量进行趋势分离。[①] H-P 滤波方法本质上是一种线性滤波方法。刘金全和范剑青认为，使用线性滤波方法在分解当中不会引入伪对称性，因此不会使原来对称的序列经过滤波以后变为非对称序列。[②] H-P 滤波趋势分解要选择满足下式的趋势要素。

$$T_t: \min_{T_t} \left\{ \sum_{t=1}^{T} (x_t - T_t)^2 + \lambda \sum_{t=2}^{T} [(T_{t+1} - T_t) - (T_t - T_{t-1})] \right\}^2 \tag{6-1}$$

其中，λ 是对趋势当中变化程度给予的权重。此时对应的周期成分是：$C_t = y_t - T_t$。λ 的最优选择是：$\lambda = \sigma_x^2 / \sigma_y^2$，$\sigma_x^2$ 和 σ_y^2 分别是趋势成分和周期成分的标准差。

在回归分析中，本章将主要依赖广义自回归条件异方差模型（GARCH 模型）。传统的自回归异方差模型（ARCH 模型）具有在平稳的随机过程中识别条件方差的功能，而 GARCH 模型是在 ARCH 模型基础上发展而来。假设（t-1）期的信息集为 I_{t-1}，则 t 时变量 R 预测的条件方差为：$h(R)_t = Var(R_t^f / I_{t-1})$，其中 R_t^f 是条件预测值，可以通过均值方程描述。而 t 时的预测误差为：$\varepsilon_t(R) = R - R_t^f$。此时，ARCH 模型的条件方差方程为：

$$h_t = \alpha_0 + \sum_{i=1}^{m} \alpha_i \varepsilon_{t-i}^2, \ \alpha_i \geq 0, \ i = 1, 2 \cdots m \tag{6-2}$$

而 GARCH 模型则是在方程（6-2）的基础上引入了条件方差的自回归成分，即：

$$h_t = \alpha_0 + \sum_{i=1}^{m} \alpha_i \varepsilon_{t-i}^2 + \sum_{j=1}^{n} \beta_j h_{t-j},$$

① HODRICK R, PRESCOTT E C, POST – WAR U S. Business cycles：an empirical investigation [J]．Journal of Money, Credit and Banking, 1997 (29)：1-16.
② 刘金全，范剑青．中国经济周期的非对称性和相关性研究 [J]．经济研究，2001 (5)：28-38.

$$\alpha_i \geq 0,\ \beta_j \geq 0,\ i = 1,\ 2,\ \cdots,\ m,\ j = 1,\ 2,\ \cdots,\ n \tag{6-3}$$

6.1.2 数据及平稳性检验

数据选取1992年第1季度至2011年第3季度的名义 GDP 数据和固定资产投资数据，共79个观测值。之所以采用这一样本区间，是因为中国从1992年起开始使用生产法对 GDP 进行季度核算，即测算该季度各行业的增加值，然后求和得到当季 GDP。另外，由于披露的名义 GDP 和固定资产投资数据为累计额，因此我们通过取一阶差分的方法得到当季新增额。借鉴王少平和胡进的研究，将名义 GDP 和固定资产新增额转化为实际 GDP 和固定资产新增额。[1] 具体的转化方法为：首先，将 CPI 数据以1992年为基期进行转换；然后，利用公式：实际季度 GDP（固定资产投资）＝100×名义季度 GDP（固定资产投资）/当年 CPI，[2] 从而得到实际季度 GDP 和固定资产新增额。为了消除季节性因素的影响，借鉴王成勇和艾春荣的研究，采用 Census X-12 方法对实际 GDP 和固定资产投资新增额进行季节性调整。[3] 将经过季节调整后的 GDP 和固定资产投资季度新增额分别记为 Y_t 和 FI_t。借鉴王少平和胡进方法，取 Y_t 和 FI_t 的自然对数 $\log(Y_t)$ 和 $\log(FI_t)$ 作为最终的分析指标。[4] 本章使用的数据全部来自中经网统计数据库。

图6-1分别给出了经过季节调整后的 GDP 增长 $\log(Y_t)$ 和季度固定资产投资 $\log(FI_t)$ 的线形图。从实际数值来看，GDP 和固定资产投资都几乎呈现出直线型增长，这说明中国 GDP 增长和固定资产投资不仅显示出随时间递增的趋势，也说明了这两个指标中包含确定性成分。另外，也可以发现 GDP 增长 $\log(Y_t)$ 和固定资产投资 $\log(FI_t)$ 都呈现出一定程度的波动性，说明这两个时间序列中也包含一定的周期成分。因此，有必要对两个序列进行趋势分解，以刻画其中的趋势成分和

① 王少平，胡进. 中国 GDP 的趋势周期分解与随机冲击的持久效应 [J]. 经济研究，2009（4）：65-76.
② 由于中经网统计数据库披露的 CPI 数据为月度数据并且以上年为基期，因此我们在计算过程中首先以1992年为基期将 CPI 月度数据转化为定基比数据，然后取定基比月度数据的年度平均值作为当年的 CPI 数据。
③ 王成勇，艾春荣. 中国经济周期阶段的非线性平滑转换 [J]. 经济研究，2010（3）：78-90.
④ 王少平，胡进. 中国 GDP 的趋势周期分解与随机冲击的持久效应 [J]. 经济研究，2009（4）：65-76.

周期成分的变动。

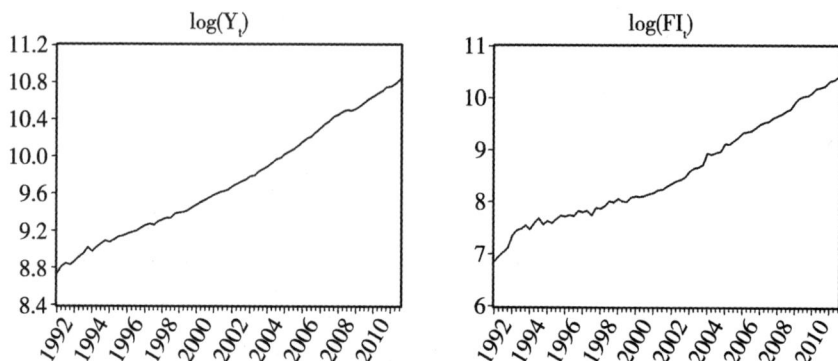

图 6-1　GDP 增长和季度固定资产投资的走势

在对 GDP 增长和固定资产投资进行趋势分离之前，需要对序列的平稳性进行检验。采用 ADF 和 PP 单位根检验对上述时间序列进行平稳性检验，结果显示，GDP 增长 log（Y_t）和固定资产投资 log（FI_t）满足 I（1）过程，这一结果与国内大多数研究相符。[①]

6.2　实证检验结果及分析

6.2.1　趋势分解结果

图 6-2 和图 6-3 分别给出了经济增长和固定资产投资的 H-P 滤波结果。[②] 经济增长和固定资产投资的水平值与其趋势成分几乎重合，说明趋势成分能够解释中国经济增长和固定资产投资水平值的绝大部分，趋势成分在水平值中所占的比重也可以证明这一点。[③] 较高的趋势成分说明，中国经济增长和固定资产投资具有较强的刚性，这主要是由中国以政府投资为主的特殊经济结构决定的。尽管如此，仍能清晰地发现周

---

① 陈浪南，刘宏伟．我国经济周期波动的非对称性和持续性研究［J］．经济研究，2007（4）：43-52．王成勇，艾春荣．中国经济周期阶段的非线性平滑转换［J］．经济研究，2010（3）：78-90．王少平，胡进．中国 GDP 的趋势周期分解与随机冲击的持久效应［J］．经济研究，2009（4）：65-76．
② 图 6-2 和图 6-3 中左侧的坐标轴度量的是经济增长和固定资产投资指标水平值和趋势成分的规模，而右侧的坐标轴度量的则是这两个指标中波动成分的规模。
③ 平均来看，趋势成分在水平值中所占的比重超过了 95%。

期性成分表现出较强的波动性，这种波动性主要体现了中国宏观经济受到的随机冲击的影响。

　　从图6-2中经济增长周期性成分的分布来看，1994年前后中国出现"经济过热"风险，同期也呈现出较快速度的经济增长。1997—2006年，中国经济遭遇亚洲金融危机、洪灾等自然灾害以及"非典"的冲击，尽管GDP总量仍保持增长，但GDP增速已有所下降。从2006年下半年开始，随着奥运会的临近以及国内外强劲的需求，中国经济出现了强劲的增长势头。尽管2007年下半年爆发的次贷危机对全球经济形成了一定的冲击，但短时期内还尚未对中国经济构成足够的冲击，加之次贷危机开始之际，中国成为全球资金的避风港，因此中国经济在2006年下半年至2008年8月北京奥运会期间仍保持了强劲的增长。2008年8月以后，随着次贷危机全球范围蔓延并转化为全球性金融危机，中国经济开始面临严重的下行风险，经济增长速度显著下降。2008年11月，中央政府推出"4万亿元投资计划"，对经济下行趋势起到了一定的遏制作用，但是仍未改变经济的总体走势。此后，中央政府陆续出台的房地产限购政策又使经济运行重新回到下行轨道。

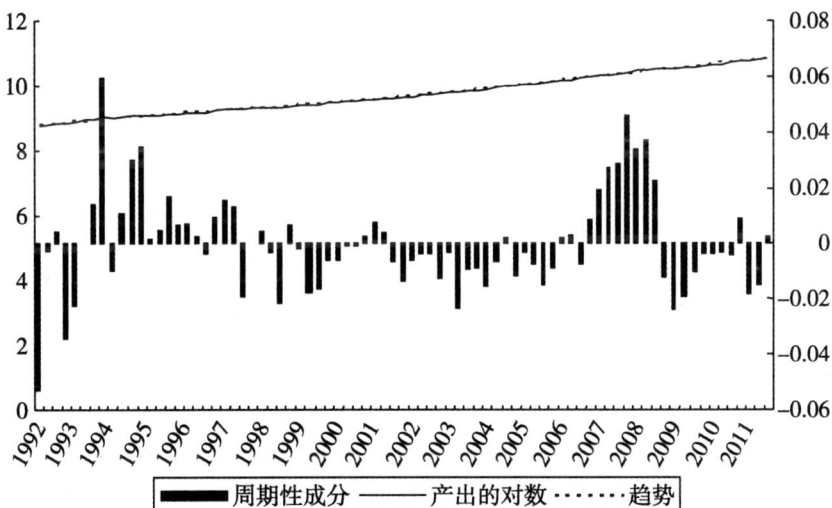

图6-2　实际经济增长的H-P滤波结果

从图 6-3 的固定资产投资周期性成分分布来看，也基本与中国宏观经济走势相一致。1994 年前后中国出现"经济过热"期间，固定资产投资速度显著上升。此后，随着中国经济"软着陆"，固定资产投资增速有所下降。1997 年亚洲金融危机的爆发使中国固定资产投资增长速度大幅下降，中央政府随后出台的一系列经济刺激政策，使得固定资产投资的增速又开始回升。此后，中国经济一直面临严重的通货紧缩风险，固定资产投资增速一直低位运行。进入 2004 年，随着国外需求的增强以及奥运会带来的大规模基础设施建设，中国固定资产投资经历了一段高速上升阶段。2007 年后半年美国次贷危机爆发，随着银行等金融机构的银根收紧以及产业资本的敏感性，固定投资增速开始明显下降。2008 年 11 月，"4 万亿元投资计划"的推出，使得固定资产投资增速又开始上升。进入 2011 年，随着该投资项目的尘埃落定以及房地产限购政策的实施，固定资产投资增速面临较为明显的下行趋势。

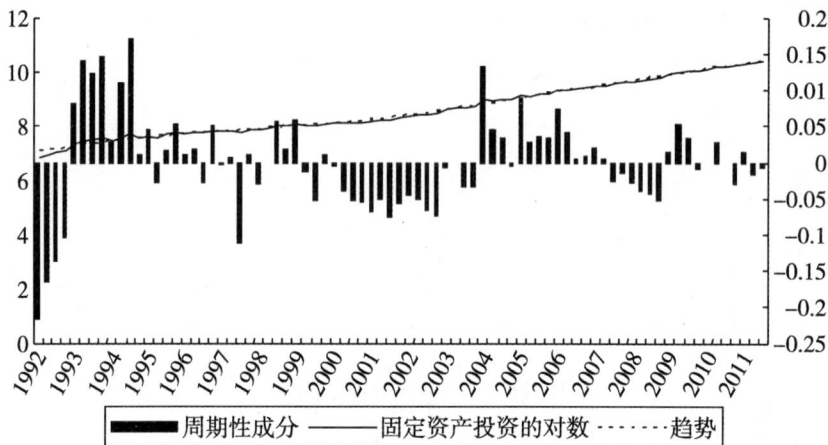

图 6-3　实际固定资产投资的 H-P 滤波结果

如果将图 6-2 和图 6-3 放在一个图中，就会发现固定资产投资周期性成分与经济增长周期性成分在 2004 年以前的分布较为一致，而在 2004 年以后则表现出相反的分布。产生这种差异的一个可能原因是领导层变动引起的经济政策方面的差异。

6.2.2　固定资产投资波动的增长减损效应分析

下面利用 1992—2011 年的季度数据，对固定资产投资波动与经济增长的关系进行检验，并且在检验过程中考虑了时间序列非平稳性和误差序列相关的影响。为了检验固定资产投资波动是否存在"减损效应"，首先需要构建固定资产投资周期成分波动的衡量指标，然后以经济增长趋势项为被解释变量，以固定资产投资周期成分波动指标作为解释变量构建回归方程，通过被解释变量回归系数的符号和显著性水平，判断固定资产投资波动对经济增长是否存在"减损效应"。

借鉴刘金全的研究，[①] 分别采用固定资产投资周期成分的均值方程误差平方和条件方差作为固定资产投资周期成分波动的衡量指标。固定资产投资周期成分 ficycle$_t$ 是零均值过程，因此可以直接利用 GARCH 模型将均值方差误差和条件方差序列识别出来。然而，GARCH（p，q）模型的识别结果受到滞后阶数的影响。为此，采用如下规则选择滞后阶数：首先，计算不同滞后阶数下 GARCH 模型的 AIC 和 SC 值；然后，选择 AIC 和 SC 值最小的滞后阶数组合作为 GARCH 模型最终的滞后阶数。根据以上规则，最终选择 GARCH（1，1）模型识别固定资产投资周期成分的均值方差误差和条件方差。

ADF 单位根检验结果显示，经济增长趋势项 ytrend$_t$ 是 I（1）过程，而固定资产投资周期成分的均值方差误差平方项和条件方差都是 I（0）过程。为了避免非平稳时间序列引起的伪回归现象，本章对经济增长趋势项 ytrend$_t$ 进行一阶差分处理，并将一阶差分序列 dytrend$_t$ 作为回归方程的被解释变量。一阶差分的处理方法不仅能够将 I（1）时间序列转化为平稳的时间序列，而且还会避免回归方程出现序列相关。构建自回归有限分布滞后回归模型如下：

$$dytrend_t = \alpha + \sum_{i=1}^{4} \beta_{1i} dytrend_{t-i} + \beta_2 \sigma_t(ficycle) + u_t \tag{6-4}$$

其中，dytrend$_t$ 是经济增长趋势成分的 1 阶差分，σ_t（ficycle）为固

---

① 刘金全. 投资波动性与经济周期之间的关联性分析［J］. 中国软科学，2003（4）：30—35.

定资产投资周期成分波动的衡量指标，分别用基于 GARCH 模型得到的固定资产投资周期成分的条件方差 h_t（ficycle）和均值方程误差平方项 ε_t^2（ficycle）来表示。u_t 是回归误差项。根据 AIC 规则和 SC 规则确定回归方程解释变量的滞后阶数，采用最小二乘法估计回归方程参数及 t 统计量，并通过计算 F 统计量的方法进行系数检验，最终得到表 6-1 的回归分析结果。

表 6-1　　固定资产投资对经济增长"减损效应"的回归结果

变量	回归结果	
c	3. 61E-05 ***	1. 85E-05 **
	(3. 56)	(2. 45)
dytrend$_{t-1}$	3. 189033 ***	3. 335506 ***
	(28. 74)	(31. 39)
dytrend$_{t-2}$	-3. 751794 ***	-4. 127297 ***
	(-11. 74)	(-13. 10)
dytrend$_{t-3}$	1. 919859 ***	2. 238165 ***
	(6. 14)	(7. 09)
dytrend$_{t-4}$	-0. 358199 ***	-0. 446990 ***
	(-3. 44)	(-4. 17)
h_t（ficycle）	-0. 002169 ***	
	(-3. 50)	
ε_t^2（ficycle）		-0. 002169 ***
		(-3. 50)
调整后的 R^2	0. 999997	0. 999997
残差平方和	4. 23E-09	4. 45E-09
对数似然值	767. 63	765. 74
F 统计量的 P 值	0. 000000	0. 000000

注：括号内为回归系数的 t 统计量，***、** 和 * 分别表示在 1%、5% 和 10% 水平下显著。

表6-1回归残差的布罗施-戈弗雷检验（Breusch-Godfrey test）结果显示，回归残差不存在序列相关，从而说明最小二乘法的估计结果是无偏的，并且能够通过计算 t 统计量进行统计推断。表6-1的回归分析结果显示，无论采用条件方差还是均值方程误差平方项衡量固定资产投资周期成分的波动，其回归系数均为负，并且在 1% 水平下显著，说明固定资产投资波动会降低产出增长趋势，证明了固定资产投资波动会对经济增长产生"减损效应"。

6.2.3　固定资产投资波动的波动溢出效应分析

刘金全对固定资产投资对经济增长率"波动溢出效应"的存在性进行了检验，发现不存在该效应。[①] 然而，该研究只考虑了固定资产投资波动对经济增长水平值的波动溢出效应，而没有考虑固定资产投资波动对经济增长周期性成分的波动溢出效应。鉴于此，在采用更长样本期的季度数据的同时，下文对固定资产投资波动与经济增长周期成分之间的波动溢出效应进行了研究。基于 AIC 规则和 SC 规则确定 GARCH 模型的最优滞后阶数，构建固定资产投资波动溢出效应模型如下：

$$h\ (ycycle)_t = \alpha + \beta_1 \varepsilon_{t-1}^2\ (ycycle) + \beta_2 h_{t-1}\ (ycycle) + \beta_3 \sigma_t\ (ficycle) \qquad (6-5)$$

其中，方程（6-5）中的 $h\ (ycycle)$ 是经济增长周期成分的条件方差，$\varepsilon_t^2\ (ycycle)$ 是经济增长周期成分均值方程误差的平方，$\sigma_{t-1}\ (ficycle)$ 为固定资产投资周期成分波动性衡量指标，分别采用固定资产投资周期成分的条件方差 $h_t\ (ficycle)$ 和均值方程误差平方项 ε_t^2 （ficycle）来表示。

表6-2的回归分析结果显示，无论采用条件方差还是均值方程误差平方项衡量固定资产投资周期成分的波动，其回归系数都为正值，且在 10% 的水平下显著，证明固定资产周期成分对经济增长周期成分存在显著为正的"波动溢出效应"。

① 刘金全．投资波动性与经济周期之间的关联性分析［J］．中国软科学，2003（4）：30-35．

表6-2　　固定资产投资对经济增长"波动溢出效应"回归结果

变量	回归结果	
c	−2.67E−05 (−0.62)	5.60E−05 ** (2.11)
ε_{t-1}^2（ycycle）	0.531615 * (1.95)	0.614976 ** (2.06)
h_{t-1}（ycycle）	0.065236 (0.32)	0.010993 (0.07)
h_t（ficycle）	0.044653 * (1.76)	
ε_t^2（ficycle）		0.014067 * (1.76)
调整后的 R^2	−0.065832	−0.067912
残差平方和	0.025680	0.025730
对数似然值	227.24	225.56
D-W 统计量	0.890203	0.888469

注：括号内为回归系数的 z 统计量，** 和 * 分别表示在 5% 和 10% 水平下显著。

6.3　结论与政策建议

固定资产投资波动对于中国的经济增长和经济周期波动均具有重要影响。本章采用 H-P 滤波方法对经济增长和固定资产投资的趋势成分和周期性成分进行分离，然后利用固定资产投资周期成分的条件方差和均值方程误差平方项作为固定资产投资波动衡量指标，对固定资产投资波动与经济增长、经济周期波动的关联性进行了实证研究。研究发现，固定资产投资波动具有显著的增长"减损效应"和"波动溢出效应"。

上述研究结果表明，固定资产投资波动不仅仅加剧了经济波动，而且直接伤害了经济增长。为了降低固定资产投资波动的这些负面影响，应从以下几方面着手：首先，建立并完善地方政府考核机制，降低

GDP 在政绩考核体系中所占的比重，从而达到抑制地方政府投资冲动的目的；其次，丰富中央政府的宏观调控手段，将宏观调控从总需求管理转化为市场化的宏观调控手段，从而实现平滑宏观调控引起的固定资产投资波动的目的；再次，推进金融体制尤其是银行体系改革，增强企业尤其是国有企业的贷款约束，从而抑制因信贷过度扩张而引起的固定资产投资过热现象；最后，加快经济结构调整步伐，降低中国经济的外部依存度，从而降低外部需求对国内固定资产投资波动的影响。

第7章　中国投资率的宏观经济政策影响

　　近年来，中国政府通过制定和实施相关的宏观经济政策，在宏观经济调控中扮演了重要角色。其中，财政政策和货币政策是政府调控宏观经济的重要工具，并且在经济运行中发挥了巨大作用。在当前中国经济进入中高速发展期，投资率需要适度下调的背景下，如何更好地发挥宏观经济政策对投资率的调节作用是至关重要的。

7.1　宏观经济模型研究综述

　　利用宏观经济模型对宏观经济进行计量分析，对决策者掌握经济形势和制定正确的经济政策是非常重要的。[①] 从国外来看，20 世纪 30 年代以后，计量经济学得到了很大发展，研究范围由需求供给函数、效用函数、生产函数，拓展到物价水平、工资、国际贸易等领域。Tinbergen 是早期宏观经济计量模型研究的先驱。[②] Tinbergen 利用普通最小二乘法对 32 个随机方程和 18 个恒等式进行了参数估算，研究了 1919—1932

　　① BAFFIGI A, GOLINELLI R, PARIGI G. Bridge models to forecast the Euro area GDP [J]. International Journal of Forecasting, 2004, 20 (3): 447-460.
　　② TINBERGEN J. Business cycles in the United States of America, 1919-1932 [M]. New York: Columbia University Press, 1939.

年美国经济循环周期，由此开创了运用联立方程模型来分析经济变量之间关系的先河，对宏观经济计量模型的发展和联立方程模型参数估计技术的发展产生了重要影响。第二次世界大战以后，宏观经济理论的不断完善和发展，为宏观经济计量模型的运用提供了经济理论基础。这一时期主要以小型宏观经济模型为主。Klein 建立了美国的小型宏观经济模型，主要研究两次世界大战期间（1920—1941 年）美国宏观经济运行机制。该模型虽小（包含 3 个行为方程，3 个恒等方程），但为以后大型宏观经济模型的研究奠定了基础。① 到了 20 世纪 60 年代，大型宏观经济模型研究得到了迅速发展，极大地提高了对宏观经济变量间关系的分析能力。②

当然，宏观经济模型本身并不是没有缺陷的。英国银行的报告认为，经济行为太复杂、变化太快，很难确定一套固定的方程或模型来模拟宏观经济运行。③ Smith 认为，宏观经济模型的预测和政策模拟过程，与真实的经济运行之间存在较大差异，有可能对经济政策造成误导。④ Pesaran 认为，传统宏观经济模型在预测准确性、符合理性预期的程度、结构稳定性、临界条件和内生外生变量假设的严谨性、单位根与时间序列性质等方面，存在明显的缺陷。⑤ Lucas 认为，任何政策的改变都可能系统地改变宏观经济模型的结构。⑥ 为了弥补宏观经济模型存在的缺陷，一些学者基于结构的多方程模型，研究出多种估计方法。如 Sims 的 VAR 估计方法、Leamer 基于最小二乘估计和贝叶斯估计的方法、Hendry 的 ADL 估计方法等。⑦ 尽管这些估计方法仍存在不足，但在计

① KLEIN R L. Economic fluctuations in the United States, 1921–1941 ［M］. New York：John Wilfy & Sons, Inc. , 1950.

② BODKIN R G, KLEIN L R, MARWAH K. Macroeconometric modeling as a background to development planning ［J］. International Journal of Development Planning Literature, 1988, 1 (1)：39–56.

③ Bank of England, Inflation Report ［R］, 1996.

④ SMITH, R. Emergent policy-making with macro-econometric models ［J］. Economic Modelling, 1998 (15)：429–442.

⑤ PESARAN M H. New direction in applied dynamic macroeconomic modeling ［M］. Tunis：The Arab Planning Institute, 1995.

⑥ LUCAS R E. Econometric policy evaluation：a critique ［C］. In the Phillips Curve and Labor Markets, Brunner, K. and Meltzer, A. H. (eds.). Amsterda：North-Holland, 1976.

⑦ SIMS C A. Macroeconometrics and reality ［J］. Econometrica, 1980, 48 (1)：1–48. LEAMER E E. Let's take the con out of econometrics ［J］. The American Economic Review, 1983, 73 (1)：31–44. Hendry, D. F. , 1980, Econometrics-Alchemy or Science? Economical, 47 (188), pp. 387–406.

量模型分析中已被广泛使用。[①]

国内关于宏观经济模型的研究起步较晚。20 世纪 70 年代，中国计量经济学界开始学习和探究中国的宏观经济计量模型，并推出多种宏观经济计量模型。1979 年，原国家计委研制出中国第一个宏观经济计量模型。1981 年，中国社会科学院与技术经济研究所研制出国民收入生产、分配和最终使用计量模型，理论水平和技术水平上都取得了进步。1984 年，复旦大学唐国兴构建了中国长期多部门经济计量模型。1985 年，国家信息中心与其他单位合作开发的中国宏观经济计量模型成为 Klein 主持研发的世界连接模型的一部分。20 世纪 90 年代以后，中国宏观经济计量模型研究取得了快速发展，如国家信息中心研制出"中国宏观经济模型"（Project Link）；中国社会科学院数量经济与技术经济研究所和国家统计局综合司共同建立"联立求解的 GNP/GDP 宏观经济年度模型"；吉林大学商学院研制出"供给需求双导向的年度经济计量模型"。[②] 由于宏观经济数据的公布一般都具有滞后性，因此利用已有数据对未来经济发展进行预测越来越重要。[③] 出于这种考虑，一些研究机构研制出了中国宏观经济的季度预测模型，主要包括：中国社科院数量经济与技术经济研究所构建的"中国季度宏观经济计量协整模型"；中国社科院开发的"中国宏观经济季度模型"；[④] 厦门大学的"中国季度宏观经济模型的开发与应用"；[⑤] 东北财经大学的"中国季度宏观经济政策分析模型"。[⑥]

近年来，中国经济已经步入新的发展阶段，投资因素对整个宏观经济的影响越来越重要。朱菁从货币政策、财政政策、产出调整及汇率政策等方面，研究了宏观经济政策变动对投资的影响。[⑦] 张国泰认为，中

---

① VALADKHANI A. History of macroeconometric modeling: lessons from past experience [J]. Journal of Policy Modeling, 2004, 26 (2): 265-81.
② 刘玉红，高铁梅，陶艺. 中国转轨时期宏观经济政策传导机制及政策效应的模拟分析 [J]. 数量经济技术经济研究，2006 (3): 15-23.
③ 刘汉，刘金全. 中国宏观经济总量的实时预报与短期预测——基于混频数据预测模型的实证研究 [J]. 经济研究，2011 (3): 4-17.
④ 何新华，吴海英，曹永福，等. 中国宏观经济季度模型 China-QEM [M]. 北京：社会科学文献出版社，2005.
⑤ 厦门大学宏观经济研究中心课题组. 中国季度宏观经济模型的开发与应用 [J]. 厦门大学学报（哲学社会科学版），2007 (4): 28-66.
⑥ 高铁梅，梁云芳，何光剑. 中国季度宏观经济政策分析模型——对宏观经济政策效应的模拟分析 [J]. 数量经济技术经济研究，2007 (11): 3-14.
⑦ 朱菁. 论宏观经济政策调整对投资行为的影响 [J]. 特区经济，1993 (9): 35-37.

国宏观经济政策的基本取向应该是抑制名义投资需求、鼓励实际储蓄、优化投资结构、提高投资效率。[①] 任碧云认为，国家宏观经济政策应由投资调控为主转向消费调控为主，以消费带动投资。[②] 这些研究虽然对宏观经济政策与投资之间的关系进行了分析，但因所使用的数据陈旧和所处的经济环境不同，对目前宏观经济运行和经济政策制定的指导性已大大下降。为此，本章将在构建中国宏观经济模型的基础上，利用近期的数据和情景分析方法，研究宏观经济政策对中国投资率的影响，进而为合理调控中国投资率提出宏观经济政策建议。

7.2 中国宏观经济政策分析模型

本章从凯恩斯主义经济理论和有关宏观经济理论出发，结合中国实际经济特点，建立了需求导向的宏观经济模型。通过统计核算理论的恒等式，联结各行为方程：

$$Y = f_Y (C, I, G, X-M) \tag{7-1}$$

$$C = f_C (Y_d, i) = f_C ((Y-T), i) \tag{7-2}$$

$$I = f_I (i, Y) \tag{7-3}$$

$$X-M = f_{X-M} (Y, er, Y_{other}) \tag{7-4}$$

$$\pi = \frac{P_t}{P_{t-1}} = f_\pi ((Y^*-Y) / Y^*) \tag{7-5}$$

根据主要经济理论，国内生产总值 Y 由消费 C、投资 I、政府支出 G 和净出口 X-M 构成。总消费 C 由可支配收入 Y_d 和存款利率 i 决定，可支配收入又受整个经济发展水平 Y 和政府税收 T 的影响。总投资 I 是利率 i 和总产出 Y 的函数。进出口 X-M 由出口总额与进口总额的差额来核算，进出口既是产出 Y 的函数，也受汇率 er 以及外部市场经济 Y_{other} 的影响。通货膨胀率 π 为价格 P 的增长率，也是产出缺口的函数，其中，Y^* 表示潜在产出水平，通过 HP 滤波方法得到。各变量之间的

---

① 张国泰. 投资规模与宏观经济政策的基本取向 [J]. 中南财经大学学报, 1995 (6): 1-5.
② 任碧云. 生产性过剩条件下中国宏观经济政策取向探讨 [J]. 天津财经学院学报, 2005 (11): 10-14.

相互影响关系如图 7—1 所示：

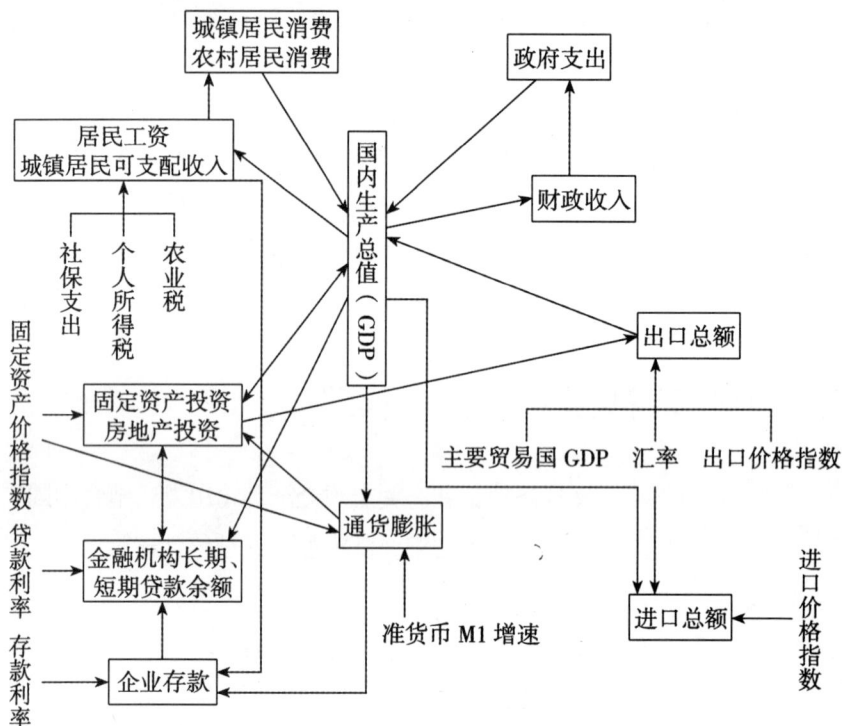

图 7-1 中国宏观经济模型变量关系图

注：方框内为内生变量，无方框的为外生变量。

宏观经济政策模型共包括 21 个方程，其中，17 个行为方程，4 个定义方程。模型分为 7 个模块，分别是 GDP 模块、消费模块、投资模块、储蓄模块、财政模块、物价模块和外贸模块。模型的样本数据为 1978—2010 年的年度数据，数据来源于《中经网统计数据库》和《世界发展指标》，采用二阶段最小二乘法对模型各方程进行估计，估计结果由 Eviews7.0 给出。

7.2.1 GDP 模块

国内生产总值方程如下：

$$\log(GDP) = 0.84 + 0.69 * \log(CONSUM) + 0.14 * \log(IF(-1))$$

$$(13.84) \qquad\qquad (3.45)$$

$$+0.08 * \log(GOV) +0.08 * \log(EXPOT) \tag{7-6}$$
$$(3.50) \qquad\qquad (3.20)$$

$R^2 = 0.9999$

其中，GDP 表示国内生产总值，CONSUM 表示居民消费总额，IF 表示全社会固定资产投资总额，GOV 表示政府支出，EXPOT 表示出口总额。根据回归方程（7-6），在其他条件不变的情况下，居民消费总额变动1%，GDP 变动0.69%；上一期的固定资产投资变动1%，GDP 变动0.14%；政府支出变动1%，GDP 变动0.08%；出口总额变动1%，GDP 变动0.08%。居民消费总额、全社会固定资产投资总额、政府支出总额、出口总额均与 GDP 呈正相关关系。这表明，居民消费水平提高对经济增长的促进作用最大，出口量的增加对经济增长的促进作用最小。

7.2.2　消费模块

城镇居民的可支配收入方程如下：

$$\log(IU) = -1.36 + 0.36 * \log(GDP(-4)) + 0.74\log(WAGE) + 0.15 * \log(ESS) - 0.09 * \log(TPI(-4)) \tag{7-7}$$
$$(5.34) \qquad\qquad (11.28) \qquad\quad (2.76) \qquad\quad (-1.82)$$

$R^2 = 0.9997$

其中，IU 表示城镇居民可支配收入；WAGE 表示城镇居民工资；ESS 表示财政支出中的社会保障支出；TPI 表示个人所得税。在式（7-7）中，居民可支配收入的 GDP 弹性是0.36，工资弹性为0.74，社会保障支出的弹性为0.15，个人所得税的弹性为-0.09。其中，工资弹性最大，说明居民的工资对城镇居民可支配收入的影响最大。经济增长速度加快、工资增加、社会保障支出增加、个人税收减少都能不同程度地提高居民的可支配收入。

城镇居民消费 CU 与城镇居民可支配收入 IU、一年期实际存款利率和一年期实际贷款利率之间的长期均衡关系为：

$$\log(CU) = 0.43 + 0.95 * \log(IU(-1)) - 0.001 * (RSR-INFLA) + 0.008(RLR-INFLA) \tag{7-8}$$
$$(5.50) \qquad\qquad (-0.5) \qquad\qquad (2.47)$$

$R^2 = 0.9994$

误差校正模型为：

$$\Delta\log\ (CU)\ =0.\,94\Delta\log\ (IU)\ +0.\,02\Delta\log\ (RSR)\ -0.\,02\Delta\log\ (LRL)\ -0.\,48ECM\ (-1) \qquad (7\text{-}9)$$

$$(19.\,38) \qquad (1.\,85) \qquad (-1.\,49) \qquad (-2.\,58)$$

$R^2 = 0.\,4249$

其中，CU 表示城镇居民消费，IU 表示可支配收入，RSR 表示一年期存款利率，LRL 表示一年期贷款利率，INFLA 表示通货膨胀率。从长期来看，居民消费的可支配收入弹性为 0.94，居民消费的实际存款利率弹性是 -0.02。这表明，可支配收入弹性远大于实际存款利率弹性的绝对值，通过增加居民的可支配收入比降低存款利率对居民消费的影响更显著。政府扩大国内消费的经济目标，可以通过提高居民的可支配收入来实现。从短期来看，如果居民可支配收入增加 1%，那么居民的消费水平将提高 0.95%。偏离长期均衡的调整速度为 -0.48。

7.2.3　投资模块

全社会固定资产投资方程如下：

$$Log\ (IF)\ =0.\,24+0.\,91*Log\ (IF\ (-1))\ +0.\,07*Log\ (IFDCKF)\ -0.\,10*Log\ (STL)\ +$$

$$(15.\,71) \qquad (1.\,23) \qquad (-4.\,95)$$

$$0.\,16*Log\ (FDI)\ -0.\,01*RLR$$

$$(3.\,67)\ \ (-3.\,42) \qquad\qquad\qquad (7\text{-}10)$$

$R^2 = 0.\,9988$

其中，IF 表示全社会固定资产投资总额，IFDCKF 表示房地产投资完成额，STL 表示金融机构短期贷款余额，RLR 表示一年期贷款的实际利率。从式（7-10）中可以看出，滞后一期的固定资产投资对当期的固定资产投资产生积极影响，其弹性为 0.91。固定资产投资中房地产投资完成额弹性为 0.07，短期贷款余额弹性为 -0.10，外商直接投资弹性为 0.16，一年期实际贷款余额弹性为 -0.01。

7.2.4　储蓄模块

居民储蓄存款余额方程如下：

$$\log\ (DEPG)\ =-7.\,22+0.\,59*\log\ (IU)\ +1.\,04*\log\ (IR)\ +0.\,01*RSR\ (7\text{-}11)$$

$$(3.\,36) \qquad (4.\,37) \qquad (1.\,43)$$

$R^2 = 0.\,9944$

其中，DEPG 表示居民储蓄存款余额，IU 表示城镇居民可支配收入，IR 表示农村居民现金收入，RSR 表示一年期实际存款利率。在式（7-11）中，如果城镇居民的可支配收入增加 1%，居民储蓄存款余额将增加 0.59%；如果农村居民现金收入增加 1%，那么居民储蓄存款余额将增加 1.04%；短期存款利率与居民储蓄存款余额也存在正相关关系。比较来看，农村居民收入对储蓄存款的影响最大。

7.2.5　财政模块

财政收入方程如下：

$$\log(ICF) = -0.02 + 0.15 * \log(TAX) + 0.87 * \log(GOV(-1)) \tag{7-12}$$
$$(3.40) \qquad\qquad (18.02)$$

$R^2 = 0.9987$

其中，ICF 表示国家财政决算收入，TAX 表示国家财政决算收入中各项税收，GOV 表示国家财政决算本级支出。在式（7-12）中，财政收入的税收弹性为 0.15，财政收入的政府支出滞后一期的弹性为 0.89。如果前一期政府支出增加 1%，那么政府当前的财政决算收入将会增加 0.87%。

7.2.6　物价模块

通货膨胀方程如下：

$$INFLA = -0.19 + 0.50 INFLA(-1) + 9.72 GDP\_GAP(-1) + 0.23 MI(-4) \tag{7-13}$$
$$(2.97) \qquad\qquad (2.26) \qquad\qquad (3.39)$$

$R^2 = 0.9969$

其中，INFLA 表示通货膨胀率，MI 表示货币供给量 M1 的同比增速，GDP_GAP 表示产出缺口。[1] 物价的产出缺口弹性最大，表明产出缺口是影响价格的重要变量之一。如果实际 GDP 持续高于潜在产出水平，将导致物价上涨，加剧通货膨胀的压力；反之，则会造成通货紧缩，引起物价下降。同时，通货膨胀的滞后一期和货币供给量同比增速

---

[1]　用 HP 滤波计算出潜在产出 Y^*，并设 GDP_GAP = $(Y^*-Y)/Y^*$。

滞后四期的弹性显著为正,表明滞后一期的通货膨胀和滞后四期的货币供给量同比增速均会对物价水平产生显著影响。

7.2.7 外贸模块

出口贸易方程如下:

$$\log(\text{EXPOT}) = -16.33 + 0.42 * \log(\text{IMP}(-1)) + 1.74 * \log(\text{GDP5N}) + 0.12 * \log(\text{FDI}) +$$
$$\qquad\qquad\qquad (3.07) \qquad\qquad\qquad (3.82) \qquad\qquad (1.82)$$
$$\qquad 0.0008 * \text{EXCHANG}(-1) + 0.22 * \text{D05} \qquad\qquad\qquad (7\text{-}14)$$
$$\qquad (1.27) \qquad\qquad\qquad (2.01)$$

$R^2 = 0.9979$

其中,EXPOT 表示出口总额,IMP 表示进口总额,GDP5N 表示中国的五个主要贸易伙伴(美国、英国、德国、韩国、日本)GDP 的平均值,FDI 表示外商直接投资实际利用外资金额,EXCHANG 表示汇率,用人民币兑美元汇率来衡量。中国从 2005 年开始采用参考一揽子货币的有管理的浮动汇率制度,因此用虚拟变量 D05 来衡量此次制度变动。在式(7-13)中,出口的进口弹性为 0.42,即进口总额增加 1%时,出口总额会增加 0.42%。如果中国的五个主要贸易伙伴的 GDP 平均值增加 1%,出口将增加 1.76%,说明贸易伙伴的经济增长对中国出口具有重要影响。出口的外商直接投资弹性为 0.12,说明外资流入有助于扩大出口。出口的汇率弹性是 0.001,说明人民币兑美元汇率提高(即人民币贬值),有利于扩大出口。虚拟变量的系数统计显著,说明汇率改革对中国出口具有显著的影响。

7.3 中国投资率的宏观经济政策影响模拟分析

宏观经济计量模型建立之后,就可以用来进行宏观经济政策模拟。下面利用情景分析方法,模拟货币政策、财政政策和汇率政策对中国投资率等经济变量的影响。

7.3.1 货币政策模拟分析

假设情景 1 为:从 2006 年开始,一年期存款利率和一年期贷款利率每年都在当年实际值的基础上提高0.5个百分点。在此假设下，根据已建立的模型，可以得到利率变化后的经济变量序列与原序列相比所发生的变化（见表7-1）。

表7-1　　　　　　　　利率政策的模拟结果（%）

年份	GDP	居民消费	城镇居民消费	居民存款余额	可支配收入	固定资产投资	出口
2008	−0.46	−0.22	−0.33	0.22	−0.48	−2.66	−0.06
2009	−0.48	−0.15	−0.22	0.74	−0.50	−3.13	−0.07
2010	−0.61	−0.23	−0.35	0.65	−0.63	−3.58	−0.08

注：表中的数据均为（模拟结果−拟合结果）/拟合结果＊100%，即政策变量变化引起其他变量的变化。

从表7-1的结果可以看出，从2006年开始，如果一年期存款利率和贷款利率都提高，即央行实行紧缩的货币政策，GDP、消费、投资和出口均有所降低。其中，固定资产投资下降的幅度最大，这表明，提高存款利率和贷款利率可以有效降低固定资产的投资规模。

7.3.2　财政政策模拟分析

（1）增加社会保障支出的模拟分析

社会保障支出是政府通过收入再分配来保护困难社会群体利益，促进经济发展的重要财政政策。随着经济的发展，中国政府的社会保障支出也在不断增加。现假设情景2为：从2006年开始，国家财政支出中的社会保障支出每年都比当年实际值增加5%，模拟结果见表7-2。

表7-2　　　　　　　　社会保障支出的模拟结果（%）

年份	GDP	居民消费	城镇居民消费	居民存款余额	固定资产投资	FDI	出口
2008	0.65	0.32	0.47	0.32	0.32	0.76	0.088
2009	0.66	0.32	0.47	0.32	0.42	0.77	0.090
2010	0.64	0.27	0.40	0.27	0.50	0.75	0.088

注：表中的数据均为（模拟结果−拟合结果）/拟合结果＊100%，即政策变量变化引起其他变量的变化。

从表7-2可以看出，与情景分析1不同的是，增加社会保障支出使得GDP、居民消费、城镇居民消费、居民存款余额、固定资产投资、FDI和出口均出现了不同程度的增加。可见，社会保障支出的增加，促使了居民可支配收入的增加，提高了居民的消费水平，实现了扩大内需的目标。同时，社会保障支出的增加，也带动了固定资产投资的增加。

（2）增加政府财政支出的模拟分析

政府支出是通过满足公共需求而对财政资金进行再分配的宏观调控手段。近年来，中国财政支出规模持续上升，对国家经济产生了重要影响。假定情景3为：从2006年开始，政府财政支出每年比实际值增加0.5%，模拟政府财政支出的增加对其他宏观经济变量的影响。模拟结果见表7-3。

表7-3　　　　　　　　政府财政支出的模拟结果（%）

年份	GDP	居民消费	城镇居民消费	居民存款余额	固定资产投资	FDI	出口
2008	0.36	0.72	0.75	0.48	0.18	0.42	0.049
2009	0.36	0.72	0.75	0.49	0.23	0.42	0.050
2010	0.40	0.78	0.81	0.52	0.28	0.47	0.054

注：表中的数据均为（模拟结果−拟合结果）/拟合结果 * 100%，即政策变量变化引起其他变量的变化。

从表7-3可以看出，政府财政支出的增加对GDP、居民消费、城镇居民消费、存款余额、固定资产投资、FDI和出口都产生了正效应。其中，受财政支出增加的影响，增加幅度相对较大的是居民消费和城镇居民消费，而固定资产投资受到的促进作用相对较小。

7.3.3　汇率政策模拟分析

假定情景4为：从2006年开始，使人民币兑美元汇率每年增加当年实际值的5%，进而模拟汇率变动对其他主要经济变量的影响（模拟结果见表7-4）。结果表明，提高人民币兑美元汇率，即人民币贬值，GDP、消费、投资及出口均有所增加，消费变化不明显。从该模拟结果来看，在人民币贬值的情况下，中国投资率会有所上升。

表7-4　　　　　　　　汇率政策的模拟结果（％）

年份	GDP	居民消费	城镇居民消费	居民存款余额	固定资产投资	FDI	出口
2008	0.17	0.00	0.00	0.00	0.42	4.44	0.85
2009	0.27	0.00	0.00	0.00	0.49	3.33	1.06
2010	0.31	0.014	0.021	0.014	0.59	2.83	0.81

注：表中的数据均为（模拟结果－拟合结果）／拟合结果＊100％，即政策变量变化引起其他变量的变化。

7.4　调控中国投资率的宏观经济政策建议

通过建立1978—2010年的宏观经济计量模型，本章研究了中国宏观经济变量之间的长期和短期关系，并利用情景分析模拟了货币政策、财政政策及汇率政策变动对投资率等变量的影响。情景分析表明，实施紧缩的货币政策，即提高利率水平，对经济增长、消费、投资、出口会产生负面影响，进而可抑制投资过热和通货膨胀；实施宽松的财政政策，即增加社会保障支出和增加政府财政支出，GDP、消费、投资和出口总额都有所提高；提高人民币对美元汇率，可促进经济增长，扩大投资和出口，但对消费的影响不显著。依据这些分析结果，可运用适当的宏观经济政策对中国投资率进行合理调控。

7.4.1　深化利率市场化改革

从利率模拟结果中可以看出，提高利率对抑制投资过热和通货膨胀具有重要作用。在当前形势下，中国应适当采取提高利率的政策，以有效遏制过高的投资率。同时，中国应进一步推进利率市场化改革。在已放开贷款利率限制的情况下，继续加快放开存款利率的改革步伐。这样，既可以为投资创造公平有序的货币政策环境，也可以让资金价格真实反映资金的供给和需求，从而可依靠市场机制实现对投资规模的合理调节。

7.4.2 优化投资消费结构

增加社会保障支出和政府财政支出，尽管会促使固定资产投资增加，但对消费的促进作用更大。这样，在消费增长与投资增长的情况下，投资率会有所降低。因此，中国应通过实施积极的财政政策，逐步增加社会保障支出和政府财政支出，以促进国内消费的快速增长，进而达到优化投资消费结构的目的。

7.4.3 保持人民币稳步升值趋势

汇率政策模拟表明，人民币贬值会使中国投资率上升。因此，为了实现降低投资率的目的，中国应该采取人民币升值的措施。当前，中国的人民币币值正处于逐步升值的过程中，这对遏制投资率上升发挥了一定的作用。但要注意的是，人民币升值趋势并不是一成不变的，如果人民币出现贬值趋势，或者汇率发生剧烈波动，对中国有效调控投资率是不利的。因此，中国应该逐步释放人民币升值的能量，既要保持人民币升值的趋势，同时也要防止汇率出现剧烈波动。

参考文献

[1] 马克思. 资本论 [M]. 中共中央马克思恩格斯列宁斯大林著作编译局, 译. 北京: 人民出版社, 1975.

[2] 萨伊. 政治经济学概论 [M]. 陈福生, 陈振骅, 译. 北京: 商务印书馆, 1997.

[3] 萨缪尔森. 经济学（[M]. 18 版. 萧琛, 译. 北京: 人民邮电出版社, 2008.

[4] 凯恩斯. 就业、利息和货币通论 [M]. 徐毓枏, 译. 北京: 商务印书馆, 1963.

[5] 李嘉图. 政治经济学及赋税原理 [M]. 郭大力, 王亚南, 译. 北京: 商务印书馆, 1983.

[6] 亚当·斯密. 国富论 [M]. 郭大力, 王亚南, 译. 上海: 上海三联出版社, 2009.

[7] 当前我国经济周期阶段研究课题组. 改革以来我国经济波动与消费、投资及进出口关系的协整分析 [J]. 财经理论与实践（双月刊）, 2006（3）: 38-42.

[8] 陈朝旭, 张文, 赵宇飞. 我国固定资产投资规模与宏观经济关系的实证分析 [J]. 工业技术经济, 2005（6）: 130-132.

[9] 陈杰. 改革开放以来我国经济周期波动的典型事实 [J]. 理论探索, 2011 (7): 130-131.

[10] 陈昆亭, 龚六堂, 邹恒甫. 什么造成了经济增长的波动, 供给还是需求: 中国经济的 RBC 分析 [J]. 世界经济, 2004 (4): 3-11.

[11] 陈昆亭, 周炎, 龚六堂. 中国经济周期波动特征分析: 滤波方法的应用 [J]. 世界经济, 2004 (10): 47-56.

[12] 陈浪南, 刘宏伟. 我国经济周期波动的非对称性和持续性研究 [J]. 经济研究, 2007 (4): 43-52.

[13] 陈浪南, 杨子晖. 中国政府支出和融资对私人投资挤出效应的经验研究 [J]. 世界经济, 2007 (1): 49-59.

[14] 陈乐一. 建国以来我国历次经济波动回眸 [J]. 管理世界, 2007 (12): 148-149.

[15] 陈太明. 中国经济周期的福利成本 [J]. 数量经济技术经济研究, 2007 (1): 22-30.

[16] 陈彦斌, 周业安. 中国商业周期的福利成本 [J]. 世界经济, 2006 (2): 11-19.

[17] 陈越. 我国经济周期问题的分析与思考 [J]. 管理世界, 1986 (5): 17-24.

[18] 戴维·罗默. 高级宏观经济学 [M]. 王根蓓, 译. 上海: 上海财经大学出版社, 2009.

[19] 邓聚龙. 灰色系统 [M]. 北京: 国防工业出版社, 1985.

[20] 丁雪松, 韩锐. 投资效率和投资率关系的实证研究 [J]. 现代商贸工业, 2007 (10): 81-82.

[21] 董进. 宏观经济波动周期的测度 [J]. 经济研究, 2006 (7): 41-48.

[22] 董晓宇, 郝灵艳. 中国市场化进程的定量研究: 改革开放 30 年市场化指数的测度 [J]. 当代经济管理, 2010 (32): 8-13.

[23] 杜两省, 王晓姝, 陈太明. 中国经济增长方式转变过程中的风险控制系统 [J]. 财经问题研究, 2010 (7): 18-25.

［24］杜两省．投资与经济增长［M］．北京：中国财政经济出版社，1996.

［25］杜婷，庞东．制度冲击与中国经济的周期波动［J］．数量经济技术经济研究，2006（6）：34-43.

［26］杜婷．中国经济周期波动的典型事实［J］．世界经济，2007（4）：3-12.

［27］段延锋．政府主导的投资拉动经济增长模式之利弊分析［J］．电子商务，2010（3）：14-16.

［28］樊纲，王小鲁．中国经济增长的可持续性——跨世纪的回顾与展望［M］．北京：经济科学出版社，2000.

［29］高天成，杨俊．我国固定资产投资结构与经济增长的关系［J］．工业技术经济，2009（1）：50-53.

［30］高铁梅，梁云芳，何光剑．中国季度宏观经济政策分析模型——对宏观经济政策效应的模拟分析［J］．数量经济技术经济研究，2007（11）：3-14.

［31］高燕，贾海红．中国经济增长与固定资产投资关系研究［J］．中国电力教育，2008（S2）：160-164.

［32］关雪凌．俄罗斯经济发展模式的艰难转型［J］．政治经济学评论，2010（2）：50-54.

［33］郭庆旺，贾俊雪．中国经济波动的解释：投资冲击与全要素生产率冲击［J］．管理世界，2004（7）：22-28.

［34］韩立岩，王哲兵．我国实体经济资本配置效率与行业差异［J］．经济研究，2005（1）：77-84.

［35］何新华，吴海英，曹永福，等．中国宏观经济季度模型China-QEM［M］．北京：社会科学文献出版社，2005.

［36］侯荣华．固定资产投资效益及其滞后效应分析［J］．数量经济技术经济研究，2002（3）：13-16.

［37］胡春．我国固定资产投资与经济增长周期关系的实证分析［J］．北京邮电大学学报：社会科学版，2001（3）：1-35.

［38］黄赜琳．中国经济周期特征与财政政策效应——一个基于三

部门 RBC 模型的实证分析 [J]．经济研究，2005（6）：27-39.

［39］黄正新．试论投资与国民经济周期性波动的成因及其对策——兼与刘慧勇同志商榷 [J]．江西社会科学，1991（5）：22-36.

［40］简新华，叶林．改革开放以来中国产业结构演进和优化的实证分析 [J]．当代财经，2011（1）：93-102.

［41］简泽．市场扭曲、跨企业的资源配置与制造业部门的生产率 [J]．中国工业经济，2011（1）：58-68.

［42］焦佳，赵霞，于霄．我国经济增长与固定资产投资的变结构协整分析 [J]．山东经济，2008（1）：48-51.

［43］焦震衡．巴西经济从衰退走向复苏的原因 [J]．国际社会与经济，1996（7）：15-17.

［44］景维民，朱兴龙．后危机时代俄罗斯经济发展悖论探析 [J]．俄罗斯中亚东欧研究，2010（2）：34.

［45］雷辉．改革以来我国投资波动与经济波动的相关性分析 [J]．经济问题探索，2009（8）：132-136.

［46］雷辉．我国固定资产投资与经济增长的实证分析 [J]．国际商务——对外经济贸易大学学报，2006（2）：50-53.

［47］李稻葵，徐欣，江红平．中国经济国民投资率的福利经济学分析 [J]．经济研究，2012（9）：46-56.

［48］李红松．固定资产投资与经济增长关系的地区差异比较 [J]．生产力研究，2004（5）：104-105.

［49］李建平，宋竞．对经济周期波动的收入差距因素分析 [J]．商业研究，2005（12）：27-29.

［50］李克强．关于调整经济结构促进持续发展的几个问题 [J]．求是，2010（11）：3-15.

［51］李克强．在中国工会第十六次全国代表大会上的经济形势报告 [N]．工人日报，2013-11-04（1）.

［52］李同宁．中国投资率与投资效率的国际比较及启示 [J]．亚太经济，2008（2）：42-45.

［53］李万茂．关于投资对经济增长贡献的计算方法应用简析

［J］．统计研究，1999（5）：42-48.

［54］李新安．我国经济周期的特征与成因分析［J］．经济经纬，1999（3）：29-33.

［55］李扬，殷剑峰．劳动力转移过程中的高储蓄、高投资和中国经济增长［J］．经济研究，2005（2）：4-15.

［56］李运达，刘鑫宏．外部需求冲击与中国投资波动——基于"冲击—传导"关联的实证分析［J］．财贸研究，2009（4）：85-90.

［57］梁琪，滕建州．中国经济周期波动的经验分析［J］．世界经济，2007（2）：3-12.

［58］林毅夫．潮涌现象与发展中国家宏观经济理论的重新构建［J］．经济研究，2007（1）：126-131.

［59］刘春梅．关于合理投资率的探讨［J］．经济师，2005（1）：72.

［60］刘汉，刘金全．中国宏观经济总量的实时预报与短期预测［J］．经济研究，2011（3）：4-17.

［61］刘红伶．中国固定资产投资与经济增长关系的实证分析［J］．淮南师范学院学报，2009（2）：48-50.

［62］刘慧勇．投资规模论［M］．北京：中国财政经济出版社，1989.

［63］刘慧勇．宏观投资学「M］．北京：中国人民大学出版社，1990.

［64］刘金全，范剑青．中国经济周期的非对称性和相关性研究［J］．经济研究，2001（5）：28-37.

［65］刘金全，刘志刚．我国GDP增长率序列中趋势成分和周期成分的分解［J］．数量经济技术经济研究，2004（5）：94-99.

［66］刘金全，刘志刚．我国经济周期波动中实际产出波动性的动态模式与成因分析［J］．经济研究，2005（3）：26-35.

［67］刘金全，印重．我国固定资产投资与经济增长的关联性研究［J］．社会科学辑刊，2012（1）：131-134.

［68］刘金全，于惠春．我国固定资产投资和经济增长之间影响关

系的实证分析 [J]. 统计研究, 2002 (2): 26-30.

[69] 刘金全. 投资波动性与经济周期之间的关联性分析 [J]. 中国软科学, 2003 (4): 30-35.

[70] 刘丽云, 张惟英, 李庆四. 美国政治经济与外交概论 [M]. 北京: 中国人民大学出版社, 2004. 142.

[71] 刘赛力. 保守党连续执政十七年来的英国经济 [J]. 世界经济与政治, 1997 (1): 67.

[72] 刘树成. 论中国经济周期波动的新阶段 [J]. 经济研究, 1996 (11): 3-11.

[73] 刘树成. 投资周期波动对经济周期波动的影响——对我国固定资产投资周期性的探讨之四 [J]. 数量经济技术经济研究, 1987 (6): 26-33.

[74] 刘万东. 投资学概论 [M]. 上海: 上海财经大学出版社, 1998.

[75] 刘玉红, 高铁梅, 陶艺. 中国转轨时期宏观经济政策传导机制及政策效应的模拟分析 [J]. 数量经济技术经济研究, 2006 (3): 15-23.

[76] 刘正山. 新编固定资产投资学 [M]. 大连: 东北财经大学出版社, 2005.

[77] 卢洪友, 卢胜峰, 陈思霞. 政府投资与经济周期波动实证研究——兼论三次产业的政府投资效应 [J]. 山东经济, 2010 (1): 11-18.

[78] 卢鸿德. 美国固定资本投资及其八十年代的发展趋势 [J]. 辽宁大学学报(哲学社会科学版), 1982 (4): 45-48.

[79] 卢建. 我国经济周期的特点: 原因及发生机制分析 [J]. 经济研究, 1987 (5): 48-55.

[80] 卢建. 中国经济周期的实证分析(上) [J]. 管理世界, 1991 (4): 56-72.

[81] 吕光明, 齐鹰飞. 中国经济周期波动的典型化事实: 一个基于 CF 滤波的研究 [J]. 财经问题研究, 2006 (6): 3-10.

[82] 马晓河，赵淑芳．中国改革开放 30 年来产业结构转换、政策演进及其评价 [J]．改革，2008（6）：5-22.

[83] 孟祺．美国再工业化的政策措施及对中国的启示 [J]．经济体制改革，2012（6）：160-164.

[84] 苗敬毅．中国固定资产投资与经济增长的传递函数模型 [J]．生产力研究，2006（4）：12-13.

[85] 齐鹰飞，王宪勇．技术冲击与中国经济周期波动 [J]．财经问题研究，2008（11）：24-30.

[86] 钱士春．中国宏观经济波动实证分析：1952—2002 [J]．统计研究，2004（4）：12-16.

[87] 乔为国，潘必胜．我国经济增长中合理投资率的确定 [J]．中国软科学，2005（7）：77-81.

[88] 秦宛顺，靳云汇，王明舰．经济周期波动的谱分析方法 [J]．数量经济技术经济研究，1996（11）：32-37.

[89] 丘健明，陈俊芳．固定资产投资率的合理区间模型 [J]．同济大学学报，2006（7）：990-994.

[90] 任碧云．生产性过剩条件下中国宏观经济政策取向探讨 [J]．经济问题，2005（11）：10-14.

[91] 任歌．我国固定资产投资对经济增长影响的区域差异性研究 [J]．财经论丛，2011（5）：25-31.

[92] 沈洪溥．我国地方债发展现状及其分析 [J]．金融博览，2013（6）：9-10.

[93] 沈坤荣，孙文杰．投资效率、资本形成与宏观经济波动——基于金融发展视角的实证研究 [J]．中国社会科学，2004（6）：52-63.

[94] 施发启．中国经济周期实证分析 [J]．统计研究，2000（7）：59-62.

[95] 史永东，齐鹰飞．中国经济的动态效率 [J]．世界经济，2002（8）：65-70.

[96] 史正富．社会主义经济中的投资膨胀与治理 [J]．经济研

究, 198 (5): 39-46.

[97] 宋宗宏. 发达国家推进战略性新兴产业发展的启示 [J]. 产业经济, 2011 (2): 31-36.

[98] 孙广生. 经济波动与产业波动 (1986—2003) ——相关性、特征及推动因素的初步研究 [J]. 中国社会科学, 2006 (3): 62-73.

[99] 孙先定, 黄小原. 产业投资规模基于期权观点的优化 [J]. 预测, 2002 (1): 33-36.

[100] 孙焱林. 合理投资率的实证分析 [J]. 统计研究, 2000 (8): 16-23.

[101] 孙永红. 1979—1988 年我国投资总量态势的实证研究 [J]. 经济研究, 1990 (4): 17-26.

[102] 唐志军, 刘友金, 谌莹. 地方政府竞争、投资冲动和我国宏观经济波动研究 [J]. 当代财经, 2011 (8): 8-18.

[103] 田泽永. 固定资产投资对经济增长贡献的比较研究 [J]. 预测, 2008 (1): 29-40.

[104] 汪海波. 中国积累和消费问题研究 [M]. 广州: 广东人民出版社, 1986.

[105] 汪同三, 蔡跃洲. 改革开放以来收入分配对资本积累及投资结构的影响 [J]. 中国社会科学, 2006 (1): 4-14.

[106] 王成勇, 艾春荣. 中国经济周期阶段的非线性平滑转换 [J]. 经济研究, 2010 (3): 78-90.

[107] 王津港. 固定投资波动对中国经济的影响——格兰杰因果检验及冲击分析 [J]. 云南财贸学院学报, 2005 (6): 56-58.

[108] 王少平, 胡进. 中国 GDP 的趋势周期分解与随机冲击的持久效应 [J]. 经济研究, 2009 (4): 65-76.

[109] 王天营. 我国固定资产投资对经济增长的滞后影响研究 [J]. 经济问题, 2004 (12): 50-52.

[110] 韦群跃, 胡矿. 改革开放以来我国经济宏观调控述评 [J]. 经济问题探索, 2010 (8): 25-30.

[111] 魏浩, 史言信. 1992—2007 年俄罗斯经济发展形势与中俄

经贸发展［J］．东北亚论坛，2008（6）：51.

［112］吴纪先．战后美国固定资本投资与经济增长［J］．武汉大学学报（哲学社会科学版），1979（1）：2-14.

［113］吴彦艳，赵国杰，丁志卿．改革开放以来我国利用外资政策的回顾与展望［J］．经济体制改革，2008（6）：13-16.

［114］吴忠群．中国经济增长中消费和投资的确定［J］．中国社会科学，2002（3）：49-62.

［115］厦门大学宏观经济研究中心课题组．中国季度宏观经济模型的开发与应用［J］．厦门大学学报（哲学社会科学版），2007（4）：28-66.

［116］徐传谌，齐树天．政府主导型投资：结果与原因［J］．吉林大学社会科学学报，2006（6）：29-35.

［117］徐滇庆．经济过热与危机意识［EB/OL］．（2004-6-1）［2004-6-23］http：//www. china-review. com/sao. asp？id=6021.

［118］薛暮桥．国家建设和人民生活的统筹安排［J］．学习，1958（11）：12.

［119］鄢莉莉，王一鸣．金融发展、金融市场冲击与经济波动——基于动态随机一般均衡模型的分析［J］．金融研究，2012（12）：82-95.

［120］袁志刚，何樟勇．20世纪90年代以来中国经济的动态效率［J］．经济研究，2003（7）：18-26.

［121］张超．我国经济波动福利损失的经验估计［J］．经济学动态，2010（8）：30-33.

［122］张富春．资本与经济增长［M］．北京：经济科学出版社，2000.

［123］张国泰．投资规模与宏观经济政策的基本取向［J］．中南财经大学学报，1995（6）：1-5.

［124］张合金．论我国当前增加农业投资的途径［J］．中央财政金融学院学报，1992（3）：87-89.

［125］张合金．投资规模调节论［M］．北京：中国财政经济出版

社，2000.

[126] 张华嘉，黄怡胜. 固定资产投资与经济增长 [J]. 世界经济文汇，1999 (6)：3-9.

[127] 张军，吴桂英，张吉鹏. 中国省际物质资本存量估算：1952—2000 [J]. 经济研究，2004 (10)：35-44.

[128] 张军. 资本形成、工业化与经济增长：中国的转轨特征 [J]. 经济研究，2002 (6)：3-13.

[129] 张鹏，许敏. 我国固定资产投资对经济增长影响的计量分析 [J]. 生产力研究，2011 (7)：62-64.

[130] 张羲，张勇进，刘啟君. 重庆市直辖以来投资效率与投资率关系的实证研究 [J]. 江苏科技大学学报，2012 (1)：70-75.

[131] 张晓慧，纪志宏，崔永. 中国的准备金、准备金税与货币控制：1984-2007 [J]. 经济研究，2008 (7)：65-77.

[132] 张仲敏，任淮秀. 投资经济学 [M]. 北京：中国人民大学出版社，1995.

[133] 中国人民银行金融研究所课题组. 经济周期的形态和特征 [J]. 金融研究，1992 (10)：43-47.

[134] 朱箐. 论宏观经济政策调整对投资行为的影响 [J]. 决策参考，1993 (9)：35-37.

[135] 庄子罐，崔小勇，龚六堂，等. 预期与经济波动——预期冲击是驱动中国经济波动的主要力量吗？[J]. 经济研究，2012 (6)：46-59.

[136] 邹根宝. 80 年代英国经济政策的重大变化 [J]. 复旦经济研究，1991 (3)：35-40.

[137] ALESINA A, ARDAGNA S, PEROTTI R, et al. Fiscal Policy, Profits, and Investment [J]. American Economic Review, 2002, 92 (3)：571-589.

[138] BAFFIGI A, GOLINELLI R, PARIGI G. Bridge Models to Forecast the Euro Area GDP [J]. International Journal of Forecasting, 2004, 20 (3)：447-460.

[139] BAI, CHONG-EN, HSIEH, et al. The Return to Capital in China [J]. Brookings Papers on Economic Activity, 2006, (2): 61-101.

[140] Bank of England. Inflation Report [R].

[141] BARRO R J. Notes on Growth Accounting [J]. Journal of Economic Growth, 1999, 4 (2): 119-137.

[142] BERNANKER B, GERTLER M, GILCHRIST S. The Financial Accelerator in a Quantitative Business Cycle Framework [R]. Handbook of Macroeconomics. Elsevier. Working Paper, 1999.

[143] BERTOLA G, CABALLERO R J. Irreversibility and Aggregate Investment [J], The Review of Economic Studies, 1994, (61): 223-246.

[144] BLADES D W. Comparing Capital Stocks [A]. In A. Szirmai, B. Van Ark and D. Pilat, eds., Explaining Economic Growth—Essays in Honor of Angus Maddison [C]. Elsevier Science Publishers, 1993.

[145] BODKIN R G, KLEIN L R, MARWAH K. Macroeconometric Modeling as a Background to Development Planning [J]. International Journal of Development Planning Literature, 1988, 1 (1): 39-56.

[146] BRISSIMIS S, MAGGINAS, N. Changes in Financial Structure and Asset Price Substitutability: A Test of the Bank Lending Channel [J]. Economic Modeling, 2005, (22): 879-904.

[147] CHAREMZA W W, DEADMAN D F. New Directions in Econometric Analysis [M]. Oxford: Oxford University Press, 1997.

[148] CHIRINKO R S, HAAN L D, STERKEN E. Asset Price Shocks, Real Expenditures, and Financial Structure: A Multi-Country Analysis [R]. CESifo Working Paper Series, No. 2342, 2004.

[149] DENG J L. The Control Problems of Grey Systems. Systems & Control Letters [J]. 1982, (5): 288-294.

[150] DOMAR E. Capital Expansion, Rate of Growth, and Employment [J]. Econometrica, 1946, 14: 137-147.

[151] EASTERLY W, FISCHER S. The Soviet Economic Decline: Historical and Republican Data [R]. NBER Working Paper, No.

4735, 1994.

[152] EISNER R. A Distributed Lag Investment Function [J]. Econometrica, 1960, 1.

[153] EPSTEIN J R. A History of Econometrics [M]. Tokyo: North-Holland, 1987.

[154] FAIR R C. A Short-Run Forecasting Model of the United States Economy [M]. Lexington: Health, 1971.

[155] FISHER J. The Dynamic Effects of Neutral and Investment-Specific Shocks [J]. Journal of Political Economy, 2006, (114): 413 -451.

[156] FRIEDMAN M. The Role of Monetary Policy [J]. American Economic Review, 1963, 3.

[157] GARCÍA-BELENGUER F, Santos M S. Investment Rates and the Aggregate Production Function [R]. University of Miami, Department of Economics, Working Paper, No. 2011-3, 2011.

[158] GIANARIS N V. International Differences in Capital – output Ratios [J]. American Economic Review, 1970, 60 (3): 465-477.

[159] GIANNONE D, LUCREZIA R, SMALL D. Nowcasting: The Real-Time Informational Content of Macroeconomic Data [J]. Journal of Monetary Economics, 2008, 55: 665-676.

[160] HALL R E, JONES C I. Why do Some Countries Produces so Much More Output per Worker than Others? [J]. Quarterly Journal of Economics, 1999, 114 (1): 1-58.

[161] HARROD R F. An Essay in Dynamic Theory [J]. Economic Journal, 1939, 49.

[162] HARROD R F. Towards a Dynamic Economics [M]. London: Macmillan, 1948.

[163] HENDRY D F. Econometrics-Alchemy or Science? [J']. Economical, 1980, 47 (188): 387-406.

[164] HODRICK R, PRESCOTT E C. POST-WAR U. S. Business

Cycles: An Empirical Investigation [J]. Journal of Money, Credit and Banking, 1997, (29): 1–16.

[165] JORGENSON D. The Theory of Investment Behavior [R]. NBER Chapters, in Determinants of Investment Behavior, National Bureau of Economic Research, 1967,

[166] JUSTINIANO A, PRIMICERI G, TAMBALOTTI A. Investment Shocks and Business Cycles [J]. Journal of Monetary Economics, 2009, (57): 132–145.

[167] KALDOR N. Capital Accumulation and Economic Growth. The Theory of Capital [C]. London: Macmillan, 1996.

[168] KEYNES J M. The General Theory of Employment Interest and Money (1936) [M]. Montana: Kessinger Publishing, 2010.

[169] KLEIN R L. Economic Fluctuations in the United States, 1921–1941 [M]. New York: John Wiley & Sons, Inc., 1950.

[170] KORAJCZYK R, Levy A. Capital Structure Choice: Macroeconomic Conditions and Financial Constraints [J]. Journal of Financial Economics, 2003, (68): 75–109.

[171] KOYCK L M. Distributed Lags and Investment Analysis [M]. : North-Holland, AMSTERDAM, 1954.

[172] KYDLAND F E, EDWARD C. Prescott. Rules Rather Than Discretion The Inconsistency of Optimal Plans [J]. The Journal of Political Economy, 1977, (3): 473–492.

[173] LANDON S, SMITH C E. Investment and the Exchange Rate: Short Run and Long Run Aggregate and Sector-level Estimates [J]. Journal of International Money and Finance, 2007, 28: 813–835.

[174] LEAMER E E. Let's Take the Con out of Econometrics [J]. The American Economic Review, 1983, 73 (1): 31–44.

[175] LI WENLI, WEINBERG J. Firm-specific Learning and the Investment Behavior of Large and Small Firms [J]. International Economic Review, 2003, (44): 599–625.

[176] LI X, LI Z, CHAN M. Demographic Change, Savings, Investment, and Economic Growth: A Case from China [J]. Chinese Economy, 2012, 45 (2): 5-20.

[177] LONG J B, PLOSSER C I. Real Business Cycle [J]. Journal of Political Economy, 1983, (1): 39-69.

[178] LUCAS R E J. Econometric policy evaluation: a critique [C]. In The Phillips Curve and Labor Markets, Brunner, K. and Meltzer A H. (eds.). Amsterdam: North-Holland, 1976.

[179] LUCAS R E J. On the Mechanics of Economic Development [J]. Journal of Monetary Economics, Elsevier, 1988, 22 (1): 3-42.

[180] LUCAS R E. Expectations and the Neutrality of Money [J]. Journal of Economic Theory, 1972, 4.

[181] LUCAS R. Macroeconomic Priorities [J]. American Economic Review, 2003, 93 (1): 1-14.

[182] MANKIW N G. Small Menu Cost and Large Business Cycles: a Macroeconomic Model of Monopoly [J]. Quarterly Journal of Economics 100, 1985.

[183] MIRMAN L. Uncertainty and Optimal Consumption Decisions [J]. Econometrica, 1971, (39): 179-185.

[184] PERKINS D H. Reforming China's Economic System [J]. Journal of Economic Literature, 1998, 26 (2): 601-645.

[185] PERKINS D H. China's Recent Economic Performance and Future Prospects [J]. Asian Economic Policy Review, 2006, 1 (1): 15-40.

[186] PESARAN M H. New Direction in Applied Dynamic Macroeconomic Modeling [M]. Tunis: The Arab Planning Institute, 1995.

[187] PESARAN M H, SHIN Y, SMITH R J. Bounds Testing Approaches to the Analysis of Level Relationships [J]. Journal of Applied Econometrics, 2001, 71 (16): 289-326.

[188] QUAH D, RAUCH J E. Openness and the Rate of Economic

Growth [J]. Journal Development of Studies, 1990, 49 (2): 307-335.

[189] RADELDT S, SACHS J D. The East Asian Financial Crisis: Diagnosis, Remedies, Prospects [J]. Brookings Papers On Economic Activity, 1998, (1): 1-90.

[190] ROMER P M. Increasing Returns and Long-run Growth [J]. Journal of Political Economy, 1986, 94 (5): 37.

[191] ROMER P M. Are Non-convexities Important for Understanding Growth? [J]. American Economic Review, 1990, 80 (2): 97-103.

[192] SARGENT T J, WALLACE N. Rational Expectations, the Optimal Monetary Instrument, and the Optimal Money Supply Rule [J]. Journal of Political Economy, 1975, (83): 241-254.

[193] SCOTT M F. A New View of Economic Growth [R]. World Band Working Paper 3340, 1991.

[194] SIMS C A. Macroeconometrics and Reality [J]. Econometrica, 1980, 48 (1): 1-48.

[195] SMITH R. Emergent Policy-making with Macro-econometric Models [J]. Economic Modelling, 1998, (15): 429-442.

[196] SOLOW R M. A Contribution to the Theory of Economic Growth [J]. Quarterly Journal of Economics, 1956, 70 (1): 65-94.

[197] STIGLITZ J E, WEISS A. Credit Rationing in Markets with Imperfect Information [J]. The American Economic Review, 1981, (3): 393-410.

[198] SWAN T W. Economic Growth and Capital Accumulation [J]. Economic Record, 1956, 32 (63): 334-361.

[199] TINBERGEN J. Business cycles in the United States of America, 1919-1932 [M]. New York: Columbia Univ. Press, 1939.

[200] VALADKHANI A. History of Macroeconometric Modeling: Lessons from Past Experience [J]. Journal of Policy Modeling, 2004, 26 (2): 81-265.

[201] WANG Y, YAO Y D. Source of China's Economic Growth,

1952-99: Incorporation Human Capital Accumulation [R]. World Bank Working Paper 2650, 2001.

[202] YOUNG A. GOLD into Base Metals: Productivity Growth in the People's Republic of China during the Reform Period [R]. NBRE working paper 7856, 2000.

[203] ZHANG J. Investment, Investment Efficiency, and Economic Growth in China [J]. Journal of Asian Economics. 2003, 14 (5): 713-734.

索　引